THEMATISCHES ÜBUNGSMATERIAL ZUR ABI-GRAMMATIK FRANZÖSISCH

Operatoren | Ausdruck und Stil | Prüfungsvorbereitung

von
Steffen Obeling
Inge Rein-Sparenberg

unter Mitarbeit von
Eva Frech
Helga Zoch

Alles Digitale zu diesem Buch kann auf der Lernplattform **allango** von Ernst Klett Sprachen abgerufen werden. So geht's:

QR-Code scannen oder **www.allango.net** aufrufen | Buchtitel oder ISBN in der Suche eingeben und auf das Buchcover klicken | Zum Inhalt navigieren, direkt abrufen oder speichern

Zu diesem Buch auf allango verfügbar:
Originaldokumente, Video, Online-Übungen, Lösungen und Erwartungshorizonte

Ernst Klett Sprachen
Stuttgart

1. Auflage 1 7 6 5 4 3 | 2028 27 26 25 24

Alle Drucke dieser Auflage sind unverändert und können im Unterricht nebeneinander verwendet werden.
Die letzte Zahl bezeichnet das Jahr des Druckes.
www.klett-sprachen.de

Redaktion: Sylvie Cloeren
Layoutkonzeption: Marion Köster, Andreas Drabarek
Gestaltung und Satz: DOPPELPUNKT, Stuttgart
Umschlaggestaltung: Andreas Drabarek
Druck und Bindung: Elanders GmbH, Waiblingen

Printed in Germany
ISBN 978-3-12-526054-2

INHALTSVERZEICHNIS

VORWORT

// DAS ÜBUNGSMATERIAL ZUR ABI-GRAMMATIK //

Liebe Schülerin, lieber Schüler,

das **thematische Übungsmaterial zur Abi-Grammatik Französisch** wurde konzipiert, um Ihnen das Prüfungstraining mit der **Abi-Grammatik Französisch** zu erleichtern und auf die wichtigen Themen des Unterrichts zu fokussieren.

Das zu Grunde liegende Buch, die **Abi-Grammatik Französisch**, ist ein Trainings- und Nachschlagewerk für Lernende der Einführungs- und Qualifikationsphase. Es beinhaltet zwei Bücher in einem Band:

- **Teil I** ermöglicht Ihnen ein **Intensivtraining für Klausuren und mündliche Prüfungen**. Die themengebundene Textproduktion, das Anwenden dienender Grammatik sowie die Verbesserung von Ausdruck und Stil erlaubt Ihnen als Lernende ein gezieltes Vorbereiten auf die Formate des Abiturs - Operator für Operator. Beginnend bei *dégager* und *présenter* über *analyser* und *comparer* bis hin zu *commenter* und *rédiger* werden alle von der Kultusministerkonferenz beschlossenen Operatoren der Abiturprüfung kapitelweise abgedeckt.

- **Teil II** bietet eine **systematische Überblicks-Grammatik** in enger Verzahnung mit den Materialien, Übungen und Aufgaben im Teil I. Hier können Sie in zum Selbstlernen angelegten Pensen die relevante Grammatik sowie eine Vielzahl an Ausdrucksmitteln wiederholen und vertiefen.

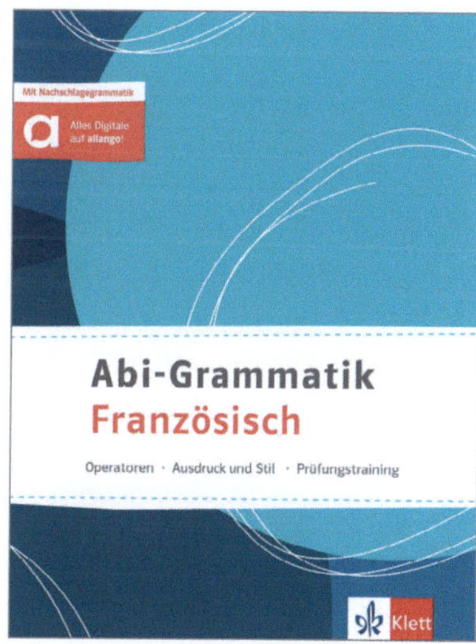

Die **Abi-Grammatik Französisch** vereint somit die Anbahnung der operatorengeleiteten Sprachproduktion mit der systematischen Wiederholung und Vertiefung der dafür sinnvollen und notwendigen sprachlichen Mittel. Sie ist in diesem Sinne die erste kompetenzorientierte Grammatik für die Oberstufe.

Die **Abi-Grammatik Französisch** ist als Selbstlernmaterial zur Abiturvorbereitung angelegt, lässt sich aber gleichermaßen mit großem Ertrag auch als thematische Vorbereitung auf Klausuren und mündliche Prüfungen nutzen. Zu diesem Zweck wurde das vorliegende **thematische Übungsmaterial zur Abi-Grammatik Französisch** als Zusatzmaterial erstellt, dessen Gebrauch im Folgenden näher erläutert wird.

// DIE ABI-GRAMMATIK IM UNTERRICHT //

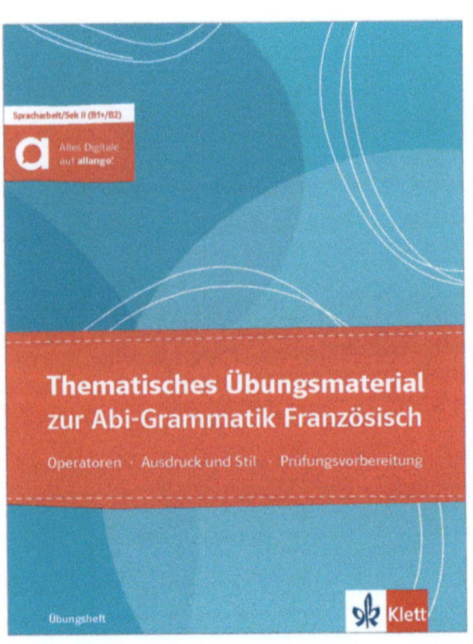

Das vorliegende **thematische Übungsmaterial zur Abi-Grammatik Französisch** eröffnet Ihnen, liebe Schülerinnen und Schüler, die Möglichkeit, die nach Operatoren aufgebaute **Abi-Grammatik Französisch** immer wieder sinnvoll bei der Vorbereitung von Klausuren und mündlichen Prüfungen als Trainings- und Nachschlagewerk einzusetzen, und zwar bezogen auf das aktuelle Themenfeld Ihres Kurses.

An die Stelle der outputorientierten Strukturierung („Operator für Operator") der **Abi-Grammatik Französisch** tritt im **thematischen Übungsmaterial zur Abi-Grammatik Französisch** eine **inhaltsorientierte Strukturierung** („Thema für Thema").

Durch die inhaltsgebundene Ausrichtung der Module dieses Heftes wird das Training von sprachlichen Kompetenzen in **12 abiturrelevanten Themenfeldern** materiell unterstützt:

- *Les jeunes* (Niveau der Einführungsphase)
- *La France et ses régions* (Niveau der Einführungsphase)
- *Paris et la banlieue*
- *Les rapports humains*
- *Immigration et intégration*
- *Existence et conceptions de vie*
- *Avenir, technologie et écologie*
- *Le monde du travail*
- *L'engagement politique et social*
- *La France, l'Allemagne et l'Europe*
- *Le français dans le monde*
- *La littérature : << L'Hôte >> d'Albert Camus*

Die 12 Module des **thematischen Übungsmaterials zur Abi-Grammatik Französisch** zielen auf einen **Synergieeffekt** ab. Sie ermöglichen zu allen relevanten Kursthemen die gleichzeitige Arbeit an **Sprache** und **Inhalt.**

Die Module *Les jeunes* und *La France et ses régions* im **thematischen Übungsmaterial zur Abi-Grammatik Französisch** wurden auf dem Niveau der Einführungsphase konzipiert, um die Arbeit mit der **Abi-Grammatik Französisch** bereits zu Beginn der Sekundarfstufe II kennenzulernen und das selbstständige Arbeiten an Ausdruck und Stil in der Qualifikationsphase vorzubereiten.

Als literarisches Thema wurde *L'Hôte* von Albert Camus gewählt. Einerseits stellt die Novelle in einigen Bundesländern eine verpflichtende Abitur-Lektüre dar, andererseits lässt sie sich auch dem Themenbereich *Conceptions de vie* zuordnen und ermöglicht darüber hinaus die Arbeit an einem literarisch bedeutsamen Text. Im Modul zu *L'Hôte* werden verstärkt die Operatoren *résumer* und *analyser* trainiert.

// AUFBAU UND EINSATZ DER MODULE //

In zeitlich klar begrenzten und materialgesteuerten **Selbstlernphasen von 3–5 Stunden** können Sie sich mit einem auf thematische Passung ausgewählten Material in Einzel- und Partnerarbeit und unter Zurhilfenahme der **Abi-Grammatik Französisch** auf anstehende Prüfungen vorbereiten.

Der Aufbau der 12 Module im **thematischen Übungsmaterial zur Abi-Grammatik Französisch** folgt einem wiederkehrenden Muster. Jedes Modul umfasst zunächst **3 Seiten** mit Arbeitsaufträgen.

Wie auch die **Abi-Grammatik Französisch** geht das **thematische Übungsmaterial zur Abi-Grammatik Französisch** immer von einem konkreten Material, in der Regel einem thematisch passenden Text, aus. Das Material wurde so ausgewählt, dass es die Arbeit in jedem Themenfeld um einen relevanten Aspekt ergänzt und die Klausurvorbereitung sinnvoll unterstützt.

LA LITTÉRATURE : *L'HÔTE* D'ALBERT CAMUS // MATÉRIEL

LA LITTÉRATURE :
L'HÔTE D'ALBERT CAMUS

Albert Camus, Jacques Ferrandez, *L'Hôte*
© Éditions Gallimard Jeunesse

// MATÉRIEL //

L'instituteur regardait les deux hommes monter vers lui. L'un était à cheval, l'autre à pied. Ils n'avaient pas encore entamé le raidillon abrupt qui menait à l'école, bâtie au flanc d'une colline. Ils peinaient, progressant lentement dans la neige,

cela valait mieux que ces trois jours où l'épaisse neige tombait au milieu des ténèbres incessantes, avec de petites sautes de vent qui venaient secouer la double porte de la classe. Daru patientait alors de longues heures dans sa chambre, dont il ne

Die erste Seite jedes Moduls bildet die **Materialgrundlage** *(matériel)* für die Arbeit an je zwei ausgewählten Operatoren. Eine kurze Texterschließungaufgabe steht dabei am Anfang und soll das Verständnis sicher stellen.

Die **zwei Operatorenbereiche**, zu denen in jedem Modul Übungen und Aufgaben gestellt werden, sind auf das jeweilige Material inhaltlich abgestimmt. Alle Operatoren der **Abi-Grammatik Französisch** werden im Verlauf der Arbeit mit dem **thematischen Übungsmaterial zur Abi-Grammatik Französisch** mehrfach trainiert.

Den Auftakt jedes zu trainierenden **Operators** bildet jeweils eine Seite mit **Übungen** für die Einzel- und Partnerarbeit *(préparation)* …

LA LITTÉRATURE : *L'HÔTE* D'ALBERT CAMUS // RÉSUMER (PRÉPARATION – RÉDACTION – PERFECTIONNEMENT)

LA LITTÉRATURE :
L'HÔTE D'ALBERT CAMUS

// RÉSUMER //

Albert Camus, Jacques Ferrandez, *L'Hôte*
© Éditions Gallimard Jeunesse

Après avoir lu le début de « L'Hôte » d'Albert Camus, vous êtes censé en rendre compte dans votre cours de français. Faites d'abord un résumé de l'extrait.

1 **Préparez votre résumé.**

S 32 Consultez la stratégie **Texte / Filme zusammenfassen** dans la « Abi-Grammatik », p. 32. Vous y trouverez des consignes pour résumer **les idées principales** d'un texte ainsi que des informations concernant **la structure** et **le style d'un résumé**.

Recherchez sur Internet les informations suivantes.

Titre original du livre	
Date et lieu de sa parution	

… zu einem auf das Material und den Operator bezogenen **Produktionsauftrag** *(rédaction)*.

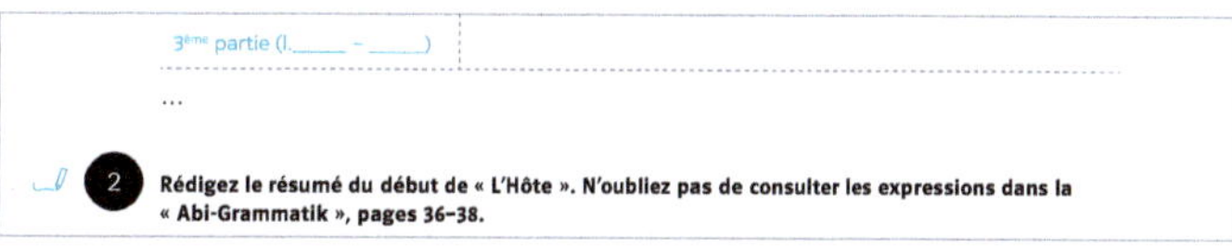

3ème partie (l._____ – _____)	

…

2 **Rédigez le résumé du début de « L'Hôte ». N'oubliez pas de consulter les expressions dans la « Abi-Grammatik », pages 36–38.**

Die **Abi-Grammatik Französisch** können Sie dabei zur Bearbeitung der Aufgaben immer wieder heranziehen.

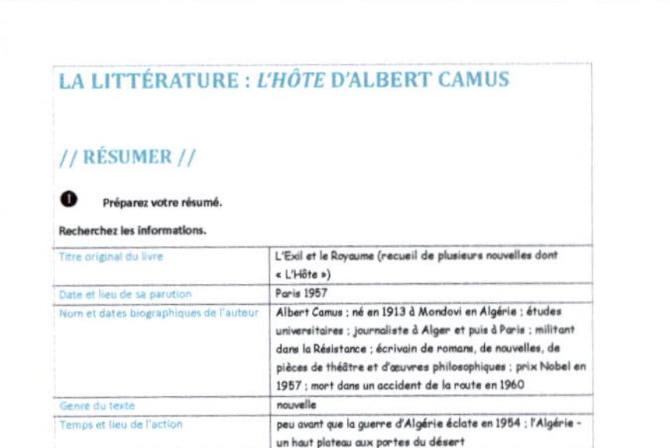

LA LITTÉRATURE : *L'HÔTE* D'ALBERT CAMUS

// RÉSUMER //

❶ Préparez votre résumé.

Recherchez les informations.

Titre original du livre	L'Exil et le Royaume (recueil de plusieurs nouvelles dont « L'Hôte »)
Date et lieu de sa parution	Paris 1957
Nom et dates biographiques de l'auteur	Albert Camus ; né en 1913 à Mondovi en Algérie ; études universitaires ; journaliste à Alger et puis à Paris ; militant dans la Résistance ; écrivain de romans, de nouvelles, de pièces de théâtre et d'œuvres philosophiques ; prix Nobel en 1957 ; mort dans un accident de la route en 1960
Genre du texte	nouvelle
Temps et lieu de l'action	peu avant que la guerre d'Algérie éclate en 1954 ; l'Algérie - un haut plateau aux portes du désert

Digital finden Sie die **Lösungen** der *préparation* …

… und die **Erwartungshorizonte** der *rédaction*. Auf der Grundlage von Mustertexten können Sie Ihre eigenen Textresultate überprüfen und gemäß der Randhinweise ergänzen und verbessern. Der übende Umgang mit Musterlösungen hilft Ihnen auch bei den abiturvorbereitenden Aufgaben der **Abi-Grammatik Französisch.**

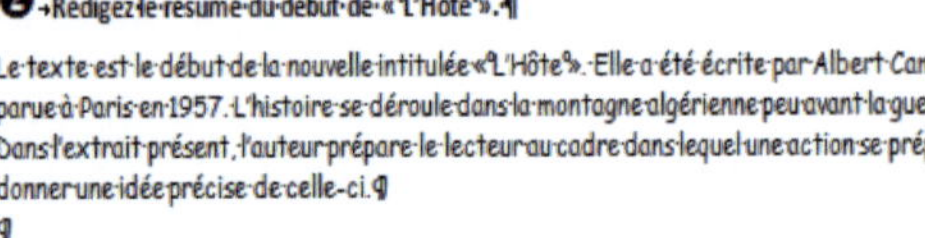

❷ Rédigez le résumé du début de « L'Hôte ».

Le texte est le début de la nouvelle intitulée « L'Hôte ». Elle a été écrite par Albert Camus et est parue à Paris en 1957. L'histoire se déroule dans la montagne algérienne peu avant la guerre d'Algérie. Dans l'extrait présent, l'auteur prépare le lecteur au cadre dans lequel une action se prépare sans donner une idée précise de celle-ci.

L'instituteur Daru est le personnage principal. Il vit dans son école dans une seule pièce à côté de la salle de classe et enseigne entre autres la géographie de la France aux enfants qui, pourtant, ne peuvent venir que par beau temps.

Dans le premier paragraphe, l'auteur esquisse la scène. Il a neigé brutalement à la mi-octobre après huit mois de sécheresse. Il fait très froid. Daru regarde par la fenêtre et voit deux hommes dont un à cheval qui montent vers l'école. Dans l'extrait présent de la nouvelle, nous n'apprenons rien de plus sur ces visiteurs ni sur le motif de leur visite.

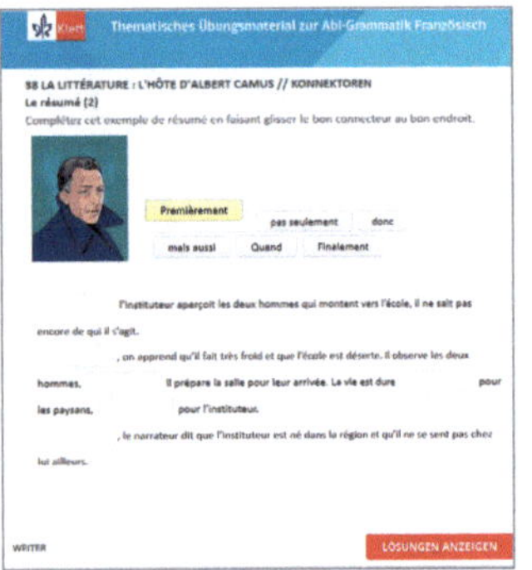

Zu beiden Operatoren werden jeweils **Online-Übungen zur sprachlichen Verbesserung** und **Vertiefung** *(perfectionnement)* angeboten, welche ggf. auch binnendifferenzierend eingesetzt werden können. Das Training von Ausdruck und Stil in Bezug auf den jeweiligen Operator sowie eine vertiefende Aufgabe zu einem zugeordneten Grammatikphänomen stehen im Zentrum dieser Online-Übungen (inkl. Lösungen).

LES JEUNES

// MATÉRIEL //

a. Avant la lecture

Réfléchissez sur les problèmes qui peuvent arriver quand il faut redoubler une classe. Notez 10 arguments.

Puis, échangez vos arguments avec votre partenaire et mettez-vous d'accord sur les trois arguments les plus importants.

Après cherchez un autre couple et faites la même chose.

Enfin, discutez-en en classe. Échangez vos arguments les plus importants !

b. Lisez le texte.

J'ai le droit ou pas ?

Redoubler dans mon lycée après un échec au bac

Si vous échouez au bac, votre lycée ne peut pas vous refuser de revenir l'année prochaine… sauf si les classes sont surchargées. C'est d'ailleurs souvent l'argument avancé par les établissements qui ne veulent pas réintégrer un élève perturbateur, souvent absent ou ayant déjà beaucoup de retard. Demandez dans un premier temps à rencontrer le proviseur pour plaider votre cause – mieux vaut alors avoir de solides arguments (problèmes personnels qui vous ont empêché de travailler…). S'il persiste dans son refus, vous devez contacter votre rectorat. Ce dernier est tenu de vous trouver une place… mais les proviseurs peuvent refuser de vous accueillir. Là aussi, préparez vos arguments et montrez votre motivation. Si vous n'êtes toujours pas admis, tentez votre chance dans le privé. La meilleure solution : s'inscrire dans un lycée privé sous contrat avec l'État. Mais là encore, l'admission dépend du bon vouloir du directeur (examen du dossier scolaire et entretien). Enfin, la dernière solution est de repasser votre bac en candidat libre. Pour être aidé dans votre préparation, vous pouvez suivre des cours par correspondance, par exemple avec le CNED, ce qui demande une forte motivation et une solide capacité de travail. S.P.

ILLUSTRATIONS JÉRÔME SIÉ

Texte : Sandrine Pouverreau – Illustrations : Jérôme Sié, Phosphore n°393 © Bayard Presse 2014

c. Après la lecture :

- **Soulignez les conseils donnés après avoir échoué au bac.**
- **Comparez ces conseils à vos propres idées. Est-ce qu'ils pourraient résoudre vos problèmes ? Discutez-en avec votre partenaire.**

LES JEUNES

// PESER LE POUR ET LE CONTRE //

Rédigez un texte dans lequel vous pesez le pour et le contre du redoublement scolaire.

1 Préparez vos arguments.

S.96

Lisez les stratégies que vous trouvez dans la « Abi-Grammatik », page 96. Vous y trouverez des conseils pour indiquer vos **arguments** et **contre-arguments**.

1. ………………… (2 mots) moi, redoubler une classe serait une catastrophe !
2. ………………………………… (5 mots), je veux quitter l'école avec mes copains et mes copines.
3. ………………………………… (2 mots), je ne veux pas faire une année supplémentaire quand les autres sont déjà en vacances ou commencent leurs études.
4. ………………………………… (3 mots), ce serait très difficile de devoir avouer un tel échec aux parents.
5. Je ………………………………… (3 mots) qu'il faut essayer de bien réussir, mais si c'est difficile pour une raison ou une autre, il faut trouver une autre solution.
6. Pour …………………………………, on ………………………………… suivant (7 mots en tout) : Si on échoue, on a l'impression de ne pas avoir de valeur ou de ne plus jamais réussir.
7. Je veux ………………………………… (4 mots) avoir plus de soutien de la part des profs.
8. Il faut ………………………………… (2 mots) que les parents jouent un rôle très important.
9. Donc, je ………………………………… (4 mots) la possibilité d'une crise grave si jamais la personne reste seule après son échec ou si on ne l'assiste pas.
10. ………………………………… (5 mots) qu'il y a des gens qui pensent au suicide s'ils ne passent pas le bac.
11. Pour conclure, ………………………………… (3 mots), il n'y a pas de vraies raisons pour ne pas aider les gens qui en ont besoin.
12. Pour toutes ces raisons, moi ………………………………………………… (5 mots), je suis convaincu qu'il faudrait trouver une autre solution que de demander aux élèves de redoubler.

// DISCUTER ET SE METTRE D'ACCORD //

Discutez en classe. Référez-vous bien aux autres.
Utilisez les tournures de la « Abi-Grammatik » p. 99 pour souligner des aspects et pour ajouter ceux qui vous semblent importants.

2 Après votre débat en classe, écrivez un commentaire structuré d'environ 500 mots avec des arguments forts.
Utilisez les tournures pour introduire les arguments de la « Abi-Grammatik », pages 90–91.

3 Pour améliorer votre discussion, faites les activités en ligne sur les phrases avec << si >>.

LES JEUNES

// COMPARER //

Comparez les possibilités d'un élève français et d'un élève allemand après avoir échoué au bac.

1 **Préparez votre comparaison.**

S.78

Lisez la stratégie **Comment faire une comparaison** dans la « Abi-Grammatik », p. 78. Vous y trouverez des indications pour **analyser les documents à comparer** et pour énumérer les **analogies** et les **différences**.

a. **Trouvez des avantages et des inconvénients.**

Avantages	Inconvénients

b. **Faites un débat en classe. Voilà quelques aspects dont vous pouvez vous servir. Prenez des notes.**

l'absence – la présence …
l'intérêt – le désintérêt au travail …
être à l'heure, être ponctuel,le – arriver/ être en retard …
l'argent …
la persévérance (Durchhaltevermögen)
avoir/chercher de l'aide, travailler en groupe – la solitude, travailler seul,e
être collaborateur, collaboratrice, collaborer
être motivé,e, montrer de la motivation – être démotivé,e
être chanceux,se, avoir de la chance – avoir de la malchance

2 **Rédigez votre comparaison sans oublier de citer les passages du texte (voir p. 55 dans la « Abi-Grammatik »)**

3 **Pour améliorer votre comparaison, faites les activités en ligne sur le comparatif et le superlatif.**

LA FRANCE ET SES RÉGIONS

// MATÉRIEL //

a. Avant la lecture, recherchez sur Internet : Qu'est-ce qu'un salin ? Qu'est-ce qu'on peut y faire ?

b. Lisez le texte.

Le Salin d'Aigues-Mortes en Camargue

La société Salins du Midi d'Aigues-Mortes est ouverte au public. Des visites (petit train, VTT guidé, vélo libre (sur un sentier balisé), balade pédestre guidée) sont organisées pour comprendre l'organisation d'un salin ainsi que la faune et la flore de cet environnement exceptionnel. Au musée du sel, vous découvrirez le métier des sauniers au cours des siècles.

L'exploitation d'Aigues-Mortes produit chaque année 200 000 tonnes de sel et en fait une référence mondiale.

En Camargue, le sel est très largement présent dans le sol et la nature du terrain très plat et argileux, parsemé d'étangs, se prête bien à l'extraction du sel de mer. C'est également la région où l'évaporation est la plus intense et les pluies les plus faibles.

La vocation salinière d'Aigues-Mortes remonte à l'Antiquité. Peccius, ingénieur romain, a été chargé, au début de l'ère chrétienne, d'y organiser la production du sel. En 1856, les différents propriétaires de salins s'unissent pour fonder les Salins du Midi.

La saliculture est devenue l'une des plus grandes activités de la Camargue, depuis l'essor de l'industrie chimique : le chlore et la soude extraits du sel entrent dans la composition de nombreux produits chimiques et pharmaceutiques. Les bassins de préconcentration et d'évaporation de Salin-de-Giraud s'étendent sur 14 000 ha.

Le Salin d'Aigues-Mortes est dédié à la culture d'un sel de mer de qualité, essentiellement destiné à l'alimentation.

La coloration rose de l'eau est liée à la prolifération de micro-organismes du type algues microscopiques, appelées « dunaliella salina ». Sur le Salin d'Aigues-Mortes, l'exploitation de l'Artemia Salina est complémentaire de l'activité salinière. L'Artemia constitue un aliment de premier choix pour poissons et crustacés.

[...] La Confrérie du sel de mer continue à sublimer un des produits les plus indispensables à la vie de l'homme et qui en plus de ses vertus gastronomiques véhicule des valeurs symboliques, spirituelles et universelles.

http://www.avignon-et-provence.com/sites-naturels/salins-daigues-mortes-en-camargue

c. Après la lecture, cherchez dix mots-clés dans le texte.

Discutez avec votre partenaire et mettez-vous d'accord sur dix mots pour échanger les informations centrales du texte.

LA FRANCE ET SES RÉGIONS

// RÉSUMER //

Résumez le texte pour que le guide du petit train puisse l'utiliser pendant les visites dans les salins.

1 Préparez votre résumé.

S. 32

Lisez les stratégies que vous trouvez dans la « Abi-Grammatik », p. 32. Il y est question des **idées principales** et de la **structure** d'un résumé de texte.

a. Relisez le texte et identifiez les informations principales :
quoi ? où ? quand ? pourquoi ? comment ? quel(s)/quelle(s) ? combien ?

b. Compréhension audiovisuelle :
Regardez la vidéo.
Après l'écoute, examinez si les phrases suivantes sont justes ou fausses.
Si elles ne sont pas justes, corrigez-les.

	+	-	
Le sel est aussi appelé « or blanc ».			
Le salin existe depuis mille ans.			
Les salins sont faits par la nature.			
On y trouve beaucoup d'animaux protégés.			
Il s'agit d'une zone de 6 000 hectares.			
Le sel, c'est du caviar blanc.			
Le site est à visiter depuis 20 ans.			
Il y a des attractions magiques.			
Les enfants n'ont pas le droit d'entrer.			
On peut y emporter du sel.			

2 Écrivez le résumé en utilisant les expressions dans la « Abi-Grammatik », p. 36.

Enregistrez ce texte.

En classe, écoutez vos textes et choisissez le meilleur résumé en vous posant la question suivante :
Est-ce que j'aurais envie de visiter les Salins d'Aigues-Mortes ? Justifiez votre réponse.

3 Pour améliorer votre résumé, faites les activités en ligne sur la voix active et la voix passive.

LA FRANCE ET SES RÉGIONS

// PRÉSENTER //

Vous avez choisi une région de France ou d'outre-mer pour votre présentation orale annuelle *(GFS)*.

1 Préparez votre présentation.

S.18–19

Lisez les stratégies que vous trouvez dans la « Abi-Grammatik », pages 18–19. Vous trouverez des conseils qui vous aideront à **construire** et **faire une présentation** et **à présenter des photos**.

brochure originale

Regardez la brochure du Salin d'Aigues-Mortes pour avoir d'autres informations sur la Camargue.

a. Vocabulaire : Prenez des notes sur

- l'histoire
- la géographie
- le climat
- la faune
- la flore
- la culture
- les villes intéressantes etc.

b. Présentez des photos.
Décrivez les photos de la brochure en deux ou trois phrases :

type de photo ? titre ? personnages ? décor ? composition ? couleurs ? vos sentiments ?

2 Faites votre présentation orale :

- **Structurez vos informations en utilisant les expressions de la page 24 dans la « Abi-Grammatik ».**
- **Cherchez des photos, des cartes géographiques, des infographies.**
- **Préparez une présentation soit sur poster, soit avec PowerPoint. N'oubliez pas de mentionner les sources !**
- **Quand vous avez fini, écrivez vos informations sur des petites cartes pour pouvoir présenter librement et apprenez bien votre texte.**

3 Pour améliorer votre présentation, faites les activités en ligne sur les articles et les prépositions.

PARIS ET LA BANLIEUE

// MATÉRIEL //

a. Lisez le texte.

Le Parisien

Après trois mois de travaux, la piste cyclable de la rue Blanche est fin prête. Dans ce quartier animé du IXe arrondissement parisien, elle était attendue avec impatience.

Elle était attendue, la piste cyclable de la rue Blanche (IXe) est désormais praticable. En travaux depuis fin juin, la portion de la rue s'étendant de la rue Jean-Baptiste-Pigalle à la rue Saint-Lazare a été complètement réaménagée cet été. Parmi les nouveautés, en plus de la piste cyclable, la rue est définitivement mise en sens unique de circulation en direction de la place d'Estienne d'Orves. Les trottoirs ont également été élargis de 70 cm côté pair et de 80 cm côté impair, et les ouvrages d'assainissement ont été repositionnés.

Sacha, 26 ans, habitant à Pigalle, remonte la rue Blanche sur son Vélib'. Devant cette piste flambant neuve, le cycliste est soulagé : « J'évite le métro autant que possible pour éviter de m'enfermer sous terre, collé contre tout le monde. Les travaux ont duré une éternité, il fallait faire le grand tour pour monter à Pigalle en attendant ». Le jeune homme se réjouit de ne plus avoir à passer par l'ancienne piste « minuscule », la nouvelle étant un « vrai confort » : « Le pire pour nous est de devoir partager la piste cyclable avec la voie de bus. Ils roulent à toute allure, c'est un enfer pour nous ».

Devant la piste réaménagée, Nathalie explique à son fils, intrigué par la nouvelle voie apparue à son retour de vacances, comment fonctionne le partage de la chaussée : « Tu vois, ici c'est pour les vélos, les voitures n'ont pas le droit d'y aller ». Cette mère de famille, qui ne pratique pas le cyclisme à Paris, souligne un brin fataliste que « ça ne peut pas plaire à tout le monde… Comme d'habitude certains vont râler, d'autres seront ravis ».

Dans cette rue passante du IXe arrondissement de Paris, Virginie, responsable du Club Station, est enchantée du réaménagement de la rue qui longe son restaurant : « C'était le bazar pendant les travaux, on ne pouvait plus traverser la rue. L'élargissement de la chaussée était nécessaire, c'est bien mieux comme ça ».

Cet été, la Ville de Paris s'est dotée d'une vingtaine de kilomètres de piste cyclable supplémentaire.

b. Cherchez les mots qui expriment une opinion.

PARIS ET LA BANLIEUE

// EXPLIQUER //

Expliquez l'opinion de l'auteur.

1 **Préparez votre explication.**

S. 68

Lisez les stratégies que vous trouvez dans la « Abi-Grammatik », p. 68. Vous trouverez des informations sur **la lecture générale et détaillée, la réflexion sur le texte et la combinaison des idées.**

a. Lecture générale : Cherchez le meilleur titre pour ce texte.

Une nouvelle piste cyclable

Le cyclisme dans la rue Blanche

L'aménagement de la rue Blanche en sens unique

b. Lecture détaillée : Cherchez les bonnes réponses.

Dans la rue Blanche, …
- ☐ la voie a été agrandie en sens unique.
- ☐ il y a moins de place pour les trottoirs.
- ☐ les travaux pour une piste cyclable sont finis.

Sacha dit qu'il/que …
- ☐ voit beaucoup d'avantages après les travaux.
- ☐ ne peut plus attendre.
- ☐ le bus est une catastrophe.
- ☐ le métro n'est pas pratique.

Nathalie …
- ☐ fait pas mal de vélo.
- ☐ doit expliquer le fonctionnement de la rue à son fils.
- ☐ dit que les gens partagent son opinion sur la rue Blanche.

Virginie …
- ☐ apprécie la nouvelle rue.
- ☐ ne comprend pas la raison des travaux.
- ☐ a des problèmes pour traverser la rue maintenant.

2 **Rédigez votre explication.**
Utilisez les expressions pour expliquer que vous trouverez p. 71 dans la « Abi-Grammatik ».
N'oubliez pas de citer les passages du texte (voir les conseils p. 55 dans la « Abi-Grammatik »).

3 **Pour améliorer votre explication, faites les activités en ligne sur le gérondif et le participe présent.**

PARIS ET LA BANLIEUE

// PESER LE POUR ET LE CONTRE //

Rédigez un texte dans lequel vous pesez le pour et le contre de la construction de pistes cyclables.

1 **Préparez vos arguments.**

S.96

Lisez les stratégies que vous trouvez dans la « Abi-Grammatik », page 96. Il y est question **des arguments et contre-arguments dans une discussion ou un texte et de structure selon la priorité.**

a. Nommez les avantages et les inconvénients de la rue Blanche mentionnés dans le texte

avantages	inconvénients

b. Quelle est votre propre opinion ? Prenez des notes pour vous-mêmes (au moins 5 arguments).

1. ....
2. ....
3. ....
4. ....
5. ....

// DISCUTER ET SE METTRE D'ACCORD //

c. Discutez de vos idées avec votre partenaire (3 arguments).
Cherchez ensuite un autre groupe de deux pour échanger vos idées. Mettez-vous d'accord sur trois arguments que vous écrivez sur un poster.

Discutez de vos arguments en classe. Essayez de bien prononcer votre avis.
Utilisez les tournures de la « Abi-Grammatik », p. 99 pour souligner des aspects et pour ajouter ceux qui vous semblent importants.

2 **Après votre débat en classe, rédigez un texte dans lequel vous pesez le pour et le contre de la construction de pistes cyclables.**
Utilisez les tournures pour introduire les arguments de la « Abi-Grammatik » pages 90–91.

3 **Pour améliorer votre discussion, faites les activités en ligne sur les phrases avec << si >>.**

LES RAPPORTS HUMAINS

// MATÉRIEL //

a. Lisez le texte.

VOS HISTOIRES DE TGV

LA PLUS BELLE HISTOIRE QUE J'AI VÉCUE DANS LE TGV…

—

THOMAS ALISON I.
J'ai pris le TGV avec ma fille qui avait seulement quatre mois pour faire Paris/Nantes, nous qui habitons en Normandie. À l'arrivée, quelqu'un était terriblement heureux, impatient, extraordinairement ému : son grand-père, qui la voyait pour la première fois…

KELLY G. D.
J'allais dans les Alpes et j'étais toute seule pour ce long voyage. Je me suis installée et une gare plus tard, un jeune homme a pris place à côté de moi. Après un simple bonjour timide, ce fut le silence pendant trente minutes. Puis il m'a demandé si j'étais de la région, nous avons commencé à discuter jusqu'à ce qu'il me parle de son cursus scolaire. Et là, ça a fait tilt ! Je me suis soudain aperçue que nous avions été élèves dans la même classe de seconde ! Nous nous sommes remémoré des souvenirs de lycée (les professeurs, les camarades de classe…). Ça a été un superbe moment, le hasard fait très bien les choses. Depuis, nous avons gardé le contact !

b. Finissez les phrases avec l'information du texte en utilisant des paraphrases :

Thomas a pris le TGV avec ……………………………………

En arrivant, le grand-père a …………………………… parce qu' ……………………………

Kelly était en train d'aller dans les Alpes quand ……………………………………

En discutant ensemble, ils découvrent qu' ……………………………………

Ils étaient……………………………………

Ils se sont souvenus de ……………………………………

Alors, ils sont ……………………………………

c. Soulignez toutes les formes des verbes au passé et essayez d'expliquer l'emploi de l'imparfait et du passé composé. Trouvez une règle.

LES RAPPORTS HUMAINS

// RÉDIGER UN ARTICLE DE BLOG //

**Vous rentrez de vacances
et vous écrivez un nouvel article sur votre blog.**

Choisissez un thème :

La plus belle/la pire histoire que j'ai vécue
a) dans le ICE.
b) dans le TGV.
c) dans mon bus.
d) pendant mes vacances.
e) en France.
f) ...

1 Préparez votre rédaction.

S.102–105 Lisez les stratégies dans la « Abi-Grammatik », pages 102–105. Vous trouverez des conseils pour savoir **comment bien rédiger un texte.**

Pour mieux structurer vos pensées, pensez à répondre aux questions suivantes :

quoi ?	
qui ?	
où ?	
quand ?	
pourquoi ?	
comment ?	
quel(s)/quelle(s) ?	
combien ?	

2 Rédigez votre article de blog en tenant compte des mots-clés ci-dessous.

la chose la plus importante • il faut dire que… •
il ne faut pas oublier que… • je ne sais pas pourquoi… • ça a été…

3 Pour améliorer votre rédaction, faites les activités en ligne sur les temps du passé.

LES RAPPORTS HUMAINS

// RÉDIGER UN MAIL //

Vous avez lu l'article suivant sur le site de l'OFAJ. Votre ami français se mariera bientôt avec une de vos amies allemandes. Vous lui parlez de ce texte.

1 **Préparez votre médiation.**

S.26

Pour **préparer votre médiation**, consultez les conseils dans la « Abi-Grammatik », p. 26.
Pour bien **rédiger un mail**, lisez les conseils p. 106.

Prenez des notes en considérant les points décrits sur la page suivante.

40 deutsch-französische Geschichten

LIEBE UND FREUNDSCHAFT – 1995

Er, lui

Zweifellos lag die Frankophilie in meiner Familie. Die Weltgeschichte bewirkte jedoch erst, dass ich sie auch in die Tat umsetzen konnte. Zahlreiche Sommerurlaube in Südfrankreich verstärkten schließlich die Begeisterung für Land und Leute. Wer hätte jedoch gedacht, dass ich die Frankophilie eines Tages wortwörtlich nehmen würde und dass sich die Liebe des Französischen im Zwischenmenschlichen fortführen würde? Meine deutsch-französische Symbiose vollzog sich langsam, aber unaufhaltsam.

Tatort war der Seminarraum einer Lyoner Universität. Ein Mantel, über einen leeren Stuhl gehängt. Die französische Besitzerin des Mantels, auf dem Stuhl daneben sitzend. Meine Chance zum Angriff. „Danke, dass du den Stuhl für mich freigehalten hast" sprach ich und setzte mich neben sie. Ein verdutzter Blick ihrerseits, ein Lächeln, ein erster Gedankenaustauch. Das Eis war gebrochen. Ein Funke sprang über und wir fingen Feuer. Von der deutsch-französischen Freundschaft kann ich nun ein Lied singen, eine wohl vertraute Melodie, die tagtäglich in mein Ohr säuselt. Sie gehört zu mir wie mein Name an der Tür: *la langue française et Gaëlle, ma Française.*

Liebe geht folglich nicht nur durch den Magen, sondern auch durch die Sprache. Gaëlle ist mein wandelndes Wörterbuch und zugleich mein emotional-sprachliches Experimentierfeld. Ein neues Wort gelernt? Schnell mal ausprobieren, welchen Effekt es hervorruft. Löst das neue Wort bei ihr einen erschreckten Blick aus, so hab ich stets die gleiche Antwort parat: Ist doch nicht meine Schuld, Französisch ist nicht meine Muttersprache. Jeder sprachliche Fehltritt ist somit problemlos erklärbar [...]

Dafür stellt sie mir Fragen, auf die ich wortreich zu antworten weiß: Nein, ich hatte keine unglückliche Kindheit, ich fand es nicht ungewöhnlich, stolz das blaue Halstuch zu tragen und als Wandzeitungsredakteur im Klassenkollektiv tätig zu sein. Ja, auf „Seid bereit" antwortete ich beim Fahnenappel ohne Bedenken „Immer bereit". Meine Geschichte ruft Kopfschütteln bei ihr hervor und lässt mich in Konjunktive verfallen: Ohne den Mauerfall, den ich im Alter von zehn Jahren erlebte, würde ich heute nicht in Lyon sondern vielleicht in Sankt Petersburg studieren. Ich wäre vermutlich nie nach Frankreich gereist und hätte nie ungefragt Besitz ergriffen vom besagten Stuhl, im Seminarraum einer französischen Universität. Mit einem Hauch von Pathos kann ich feststellen: Der Wandel der Weltgeschichte ließ mich Gaëlle treffen. Schicksal? Zufall? Gar eine bewusste Entscheidung als Beweis deutsch-französischer Versöhnung? Vielleicht. Vielleicht aber auch ein kontinuierlicher Prozess des menschlichen Zusammenwachsens. Eine alltägliche Normalität, die sich im Laufe der Zeit zwischen zwei Völkern etabliert hat. Jenseits kultureller Klüfte. Fern vom französischen Hahn und deutschen Adler. Fern von Baguette und Bier. Ganz einfach: Gaëlle und ich.

OFAJ DFJW „40 deutsch-französische Geschichten" Wettbewerb des Deutsch-Französischen Jugendwerks, (Berlin/Paris 2005), S. 54/55

2 **Rédigez un mail où vous racontez leur relation.**

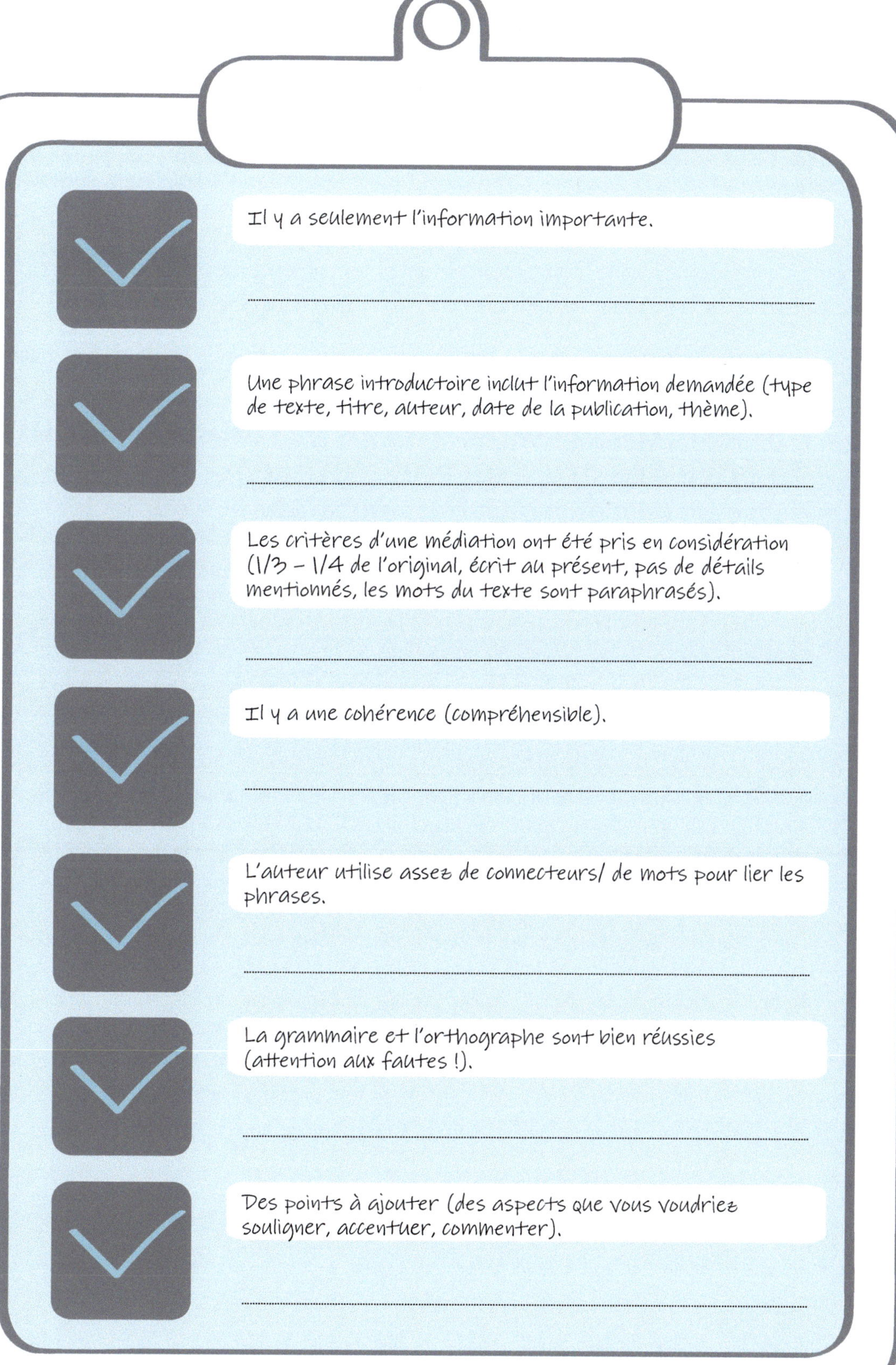
Il y a seulement l'information importante.
Une phrase introductoire inclut l'information demandée (type de texte, titre, auteur, date de la publication, thème).
Les critères d'une médiation ont été pris en considération (1/3 – 1/4 de l'original, écrit au présent, pas de détails mentionnés, les mots du texte sont paraphrasés).
Il y a une cohérence (compréhensible).
L'auteur utilise assez de connecteurs/ de mots pour lier les phrases.
La grammaire et l'orthographe sont bien réussies (attention aux fautes !).
Des points à ajouter (des aspects que vous voudriez souligner, accentuer, commenter).

IMMIGRATION ET INTÉGRATION

// MATÉRIEL //

a. Avant la lecture
À trois : Notez les incidents terroristes en France dont vous avez entendu parler. Qu'est-ce qui vous frappe ?

b. Lisez le texte

L'OBS

POLITIQUE MONDE ÉCONOMIE CULTURE OPINIONS DÉBATS TENDANCES VIDÉOS PHOTOS

EXCLUSIF. Léa, 15 ans : « Ils nous demandent de faire des attentats en France »

Arrêtée alors qu'elle s'apprêtait à fuir en Syrie et que ses recruteurs djihadistes la poussaient à commettre une tuerie sur le sol français, Léa a vu sa vie sans histoires basculer dans l'enfer des réseaux de l'islam radical [...] C'est une enfant, douce, frêle, fragile. Une ado de 15 ans choyée, bonne élève, qui a grandi dans une belle maison de province, au sein d'une famille française et athée. À l'opposé de tous les clichés sur l'apprenti djihadiste. Et pourtant, en deux mois à peine, via Internet, Léa s'est laissé entraîner dans les abîmes de l'islam radical.

« Un jour où je ne me sentais pas très bien, j'ai laissé sur ma page Facebook un message disant que j'aimerais pouvoir me faire pardonner toutes mes bêtises [...] Ils m'ont envoyé des vidéos sur les enfants gazés par Bachar [al-Assad, NDLR][...] Du coup, ils m'ont dit de ne plus parler à mes amies, de rester chez moi, parce que les autres étaient mauvais pour l'aquîda (la « croyance »). Petit à petit, je me suis mise à ne plus parler à personne, ni à l'école ni à la maison, je restais dans ma chambre, volets fermés. Et je me connectais.

Dès le début,on m'a demandé une photo sans voile, puis mon nom, mon adresse, mon âge, ma date de naissance, combien de sous j'avais pour venir, comment je pouvais en trouver [...]

Je me suis sentie terrorisée de n'avoir pas pu partir. Quand je me suis reconnectée, ils m'ont dit que c'était la honte, parce que j'allais mourir dans un pays comme la France, que j'allais finir en enfer, que je n'avais pas placé ma confiance en Allah.

Un matin très tôt, les policiers sont venus me chercher. Ça m'a énervée qu'on m'arrête, mais je n'étais pas stressée [...] Ma mère avait un problème avec son cœur. Et en Islam, les parents c'est la chose la plus importante. Alors je les ai laissés me montrer d'autres films, me parler d'Islam et petit à petit j'ai commencé à douter ... »

tempsreel.nouvelobs.com, 01.10.2014

c. Après la lecture, finissez les phrases avec l'information du texte :

1. Le problème de Léa, c'est qu'elle ....
2. Léa a beaucoup changé car ....
3. On lui a posé des questions sur ....
4. Un jour, la police est venue pour ....

IMMIGRATION ET INTÉGRATION

// RÉSUMER //

Résumez les idées centrales du texte.

1 **Préparez votre résumé.**

 S.32

Lisez les stratégies que vous trouvez dans la « Abi-Grammatik », page 32. Il y est question **des caractéristiques et de la structure d'un résumé** de texte.

Lisez ces trois résumés du texte sur Léa.

1 Léa va commettre un attentat en France. Elle a été inspirée par les djihadistes via Facebook. C'est là où ils ont pris contact avec elle. Elle a quitté ses amis pour devenir djihadiste et elle est très courageuse. Mais la police a pris contact avec elle parce qu' elle a pris connaissance de ses projets. Léa a alors été arrêtée.
Sa mère s'est fait du souci.

2 Léa, fille issue d'une bonne famille typiquement française, a pris contact avec les djihadistes syriens qui voulaient l'initier à faire un attentat en Syrie. Donc, il fallait quitter la France. Les djihadistes lui ont envoyé des vidéos sur les attentats contre des enfants par Bachar al Assad. Sa mère malade lui a montré d'autres films sur les attentats.

3 Léa a été sous le pouvoir des djihadistes syriens et puis elle était presque en train de faire un attentat en France. Déjà à l'âge de 15 ans, les djihadistes l'ont contactée sur Facebook pour la manipuler : elle ne devait plus avoir de contacts avec ses amis. Ils veulent qu'elle parte en Syrie. Pourtant, un jour la police vient la chercher. Depuis, elle a des doutes aussi à cause de sa mère.

Cherchez le meilleur résumé du texte sur Léa. Remplissez le tableau suivant et donnez les raisons de votre choix.

Stratégie	Résumé 1	Résumé 2	Résumé 3
Où ?			
Quand ?			
Qui ?			
Quoi ?			
texte au présent			
paraphrases			
citations			

2 **Rédigez votre résumé en utilisant les expressions pages 36–38 dans la « Abi-Grammatik ».**

3 **Pour améliorer votre résumé, faites les activités en ligne sur les mots charnières, les pronoms *y* et *en* et les pronoms relatifs *qui, que, dont, où*.**

IMMIGRATION ET INTÉGRATION

// DÉCRIRE //

Décrivez le personnage principal du texte.

1 **Préparez votre description.**

S.44 Consultez les stratégies **Eine Person beschreiben** dans la « Abi-Grammatik », p. 44

Relisez le texte et trouvez toutes les informations sur le physique de Léa :

âge ?	
taille ?	
cheveux ?	
yeux ?	
vêtements ?	
autres informations ?	

2 **Rédigez votre description de Léa en utilisant les expressions p. 46 dans la « Abi-Grammatik ». N'oubliez pas d'écrire votre texte au présent et à la 3e personne du singulier. Pensez aussi à citer les passages du texte (voir p. 55 dans la « Abi-Grammatik »).**

// CARACTÉRISER //

Caractérisez le personnage principal du texte.

1 **Préparez votre caractérisation.**

S.44–45 Lisez les stratégies **Eine Person charakterisieren** et **Aufbau der Charakterisierung** dans la « Abi-Grammatik », pages 44–45.

Relisez le texte et prenez des notes pour répondre à ces questions :

À quoi ressemblent les autres personnages ?	
Quelles sont les relations entre les personnages ?	
Comment se comportent les personnages entre eux ?	
Qu'est-ce qui est important pour ces personnages ?	
Quels adjectifs utilise l'auteur ?	
Que disent et pensent les personnages ?	

2 **Rédigez votre caractérisation. Attention : ne donnez pas votre avis personnel !**

3 **Pour améliorer votre description et caractérisation, faites les activités en ligne sur la voie active et la voie passive.**

EXISTENCE ET CONCEPTIONS DE VIE

// MATÉRIEL //

a. Avant la lecture : « Je voudrais apprendre à vivre, veut dire pour moi … **» : Faites une chaîne à parler où chacun contribue par une idée… Une personne prend des notes au tableau.**

Écrivez un poème d'au moins 2 strophes en commençant par : « Apprendre à vivre… ».

Écoutez la chanson « Savoir aimer » de Florent Pagny et écrivez une strophe pour cette chanson.

b. Lisez le texte.

Le Monde

La philosophie, un trésor ouvert sur l'avenir

« Quelqu'un, vous ou moi, s'avance et dit : je voudrais apprendre à vivre enfin… » Ces mots de Jacques Derrida délimitent bien la scène où surgit le désir de philosophie. Il est urgent d'apprendre à vivre, oui, et cet impératif ne fait qu'un avec l'exigence de penser. En ces temps de trouble et de désarroi, nous éprouvons tous le besoin de poser des mots tant sur notre destinée individuelle que sur notre devenir collectif.
Qu'il s'agisse de déchiffrer les enjeux du monde actuel ou de s'y inventer une façon d'être, qu'il faille donner du sens à l'histoire immédiate ou à notre existence quotidienne, la philosophie propose une éthique en acte qui nous permet de tenir bon et de nous tenir bien. En France, le pays de Voltaire et de Sartre, celui de la philo en Terminale aussi, nous sommes très nombreux à garder en tête la voix du professeur qui nous a ouvert l'esprit, et l'existence, en nous mettant dans les pas d'Aristote ou de Pascal.
Car si elle s'élabore au présent, la pensée vivante puise sans cesse dans les grands textes classiques, elle se laisse guider par un patrimoine qui est tout sauf une archive livrée au passé : ce trésor est ouvert sur l'avenir, il engage et éclaire notre actualité.

Rigueur, clarté, actualité.
Apprendre à penser, le moi comme le monde, c'est donc bien aussi apprendre à vivre : telle est la conviction qui préside au lancement de la collection « Apprendre à philosopher ». Avec cette série de 60 livres, Le Monde fait le pari d'une triple pédagogie : celle de la rigueur et de la clarté, bien sûr, mais celle, également, de l'actualité. Accompagné de chronologies et richement illustré, chaque volume permet de se familiariser avec la pensée d'un philosophe, de Platon à Freud en passant par Spinoza ou Marx.
Apprendre à penser, c'est se mettre à l'école de ces Anciens qui ont conservé toute leur fougue ; de ces maîtres si modernes, parfois, qu'ils sont… nos contemporains. Là est en effet l'une des originalités…

c. Cochez la bonne réponse :

Dans cet article, il s'agit de…
☐ la recherche de soi.
☐ connaître son destin individuel.
☐ connaître les philosophes français.
☐ l'histoire de l'homme et de son entourage.
☐ trouver des réponses aux questions essentielles de la vie.

EXISTENCE ET CONCEPTIONS DE VIE

// EXPOSER //

Exposez le point de vue de l'auteur sur la philosophie.

1 **Préparez votre exposition.**

S.18–19

Lisez les stratégies que vous trouvez dans la « Abi-Grammatik », pages 18–19. Il y est question des indications concernant **l'auteur, le titre, le sujet, l'objectif, les aspects importants, le destinataire et la conclusion** du texte ainsi que des critères pour une bonne exposition.

a. Prenez d'abord des notes sur le contenu du texte :

Exposez le contenu dans une phrase :	
À qui est adressé le texte ?	
Exposez les points centraux puis développez-les :	
Résumez la thèse centrale du texte :	

b. Comparez vos résultats avec votre voisin.
À deux, parlez de cet article en formulant des phrases. Servez-vous le plus possible des tournures suivantes :

D'abord, Au début, Pour commencer … • apparemment, certainement, probablement, peut-être que … • ainsi, alors, donc, … • en effet, en revanche, pourtant, … • ensuite, puis, après, … • par contre, contrairement à cela, de l'autre côté … • enfin, à la fin, finalement, pour finir …

2 **Exposez le point de vue de ce journaliste.**

N'oubliez pas :
- Il faut être précis, clair et objectif.
- Pas de propre opinion !
- Choisissez une langue élégante et cohérente.

3 **Pour améliorer votre exposition, faites les activités en ligne sur les prépositions après les verbes et les constructions pour raccourcir les phrases.**

EXISTENCE ET CONCEPTIONS DE VIE

// COMMENTER / PRENDRE POSITION ET JUSTIFIER //

« Apprendre à penser, le moi comme le monde, c'est donc bien aussi apprendre à vivre... » **(l. 26–27). Commentez cette phrase puis prenez position.**

1 **Préparez votre commentaire.**

S.88

Lisez la stratégie **Charakteristika argumentiver Texte** dans la « Abi-Grammatik », p. 88. Vous y trouverez des consignes sur **la thèse, l'objet de la discussion, les arguments, les exemples et la conclusion.**

Des méthodes pour trouver des idées :

brainstorming : Notez toutes vos idées pour ce thème et faites un mind map pour lier vos idées.

freewriting : Prenez des notes sans penser à la grammaire ou à une structure, pensez seulement au contenu sans bloquer votre créativité.

Notez des débuts de phrases, par exemple :
La chose la plus importante ...
Il faut considérer que ...
Il ne faut pas oublier que ...
Je voudrais bien dire que ...
Je tiens à ...
J'aimerais ajouter que ...
Il faut aussi penser à ...
Je suis tout à fait pour/contre ...
Il est important de dire ...

2 **Rédigez votre commentaire incluant des exemples pour soutenir vos thèses.**

N'oubliez pas !
- Vous voulez persuader votre lecteur.
- Introduisez votre texte par une phrase introductoire.
- Présentez le thème.
- Pesez le pour et le contre.
- Référez-vous encore à la thèse du début et donnez une conclusion.
- Rédigez votre texte.

3 **Pour améliorer votre commentaire, faites les activités en ligne sur le subjonctif et les mots charnières.**

AVENIR, TECHNOLOGIE ET ÉCOLOGIE

// MATÉRIEL //

a. Avant la lecture, réfléchissez aux différentes possibilités de rendre votre vie plus écologiquement durable, par exemple à votre domicile, à l'école, en voyage. Qu'est-ce qui serait nécessaire pour vous faciliter la tâche ? Avec un partenaire, discutez de ce qui vous manque pour une vie plus « écolo ».

b. Lisez le texte.

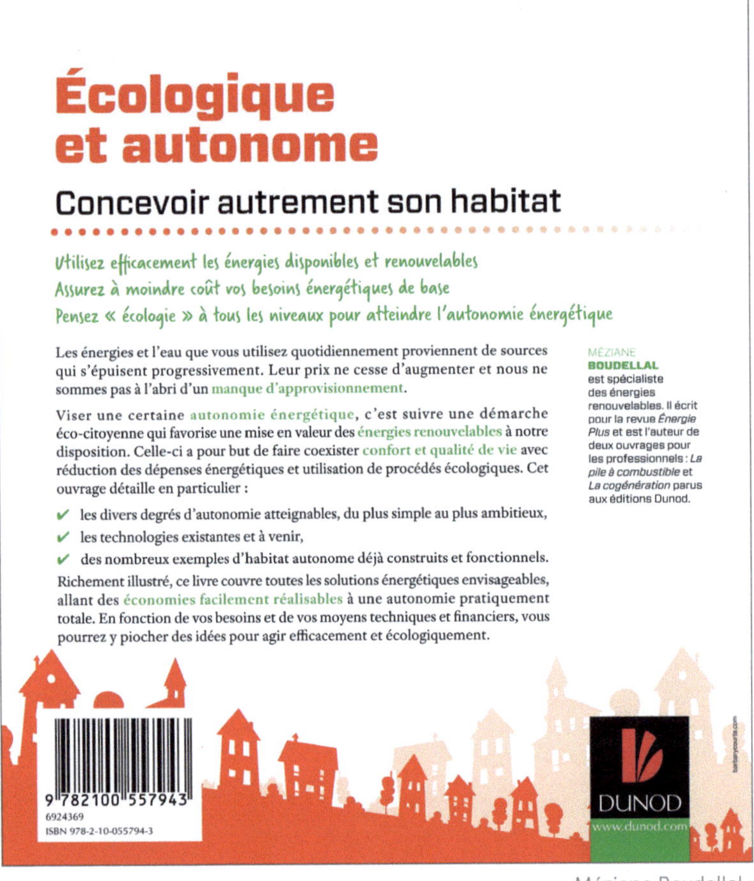

Écologique et autonome

Concevoir autrement son habitat

Utilisez efficacement les énergies disponibles et renouvelables
Assurez à moindre coût vos besoins énergétiques de base
Pensez « écologie » à tous les niveaux pour atteindre l'autonomie énergétique

Les énergies et l'eau que vous utilisez quotidiennement proviennent de sources qui s'épuisent progressivement. Leur prix ne cesse d'augmenter et nous ne sommes pas à l'abri d'un manque d'approvisionnement.

Viser une certaine autonomie énergétique, c'est suivre une démarche éco-citoyenne qui favorise une mise en valeur des énergies renouvelables à notre disposition. Celle-ci a pour but de faire coexister confort et qualité de vie avec réduction des dépenses énergétiques et utilisation de procédés écologiques. Cet ouvrage détaille en particulier :

- les divers degrés d'autonomie atteignables, du plus simple au plus ambitieux,
- les technologies existantes et à venir,
- des nombreux exemples d'habitat autonome déjà construits et fonctionnels.

Richement illustré, ce livre couvre toutes les solutions énergétiques envisageables, allant des économies facilement réalisables à une autonomie pratiquement totale. En fonction de vos besoins et de vos moyens techniques et financiers, vous pourrez y piocher des idées pour agir efficacement et écologiquement.

MÉZIANE **BOUDELLAL** est spécialiste des énergies renouvelables. Il écrit pour la revue *Énergie Plus* et est l'auteur de deux ouvrages pour les professionnels : *La pile à combustible* et *La cogénération* parus aux éditions Dunod.

9 782100 557943
6924369
ISBN 978-2-10-055794-3

DUNOD
www.dunod.com

Méziane Boudellal :
Écologique et autonome - Concevoir autrement son habitat

c. Après la lecture de cette quatrième de couverture, notez les idées principales du livre concernant :

la problématique	
la démarche à suivre	
l'apport que le livre veut donner	

AVENIR, TECHNOLOGIE ET ÉCOLOGIE

// PRÉSENTER //

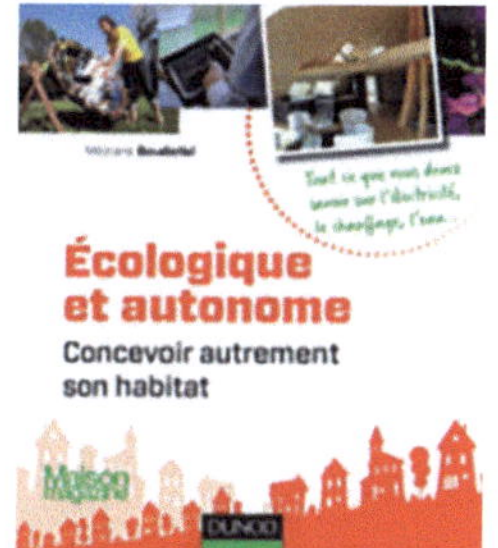

Dans le cadre d'un projet écologique, vous êtes censé faire une courte présentation à l'oral du livre « Écologique et autonome » devant un public. Vous n'avez que les informations données dans la quatrième de couverture.

1 Préparez votre présentation.

S.18–19

Suivez les conseils dans le chapitre **Comment construire une présentation** que vous trouvez dans la « Abi-Grammatik », pages 18–19. Il y est question des indications concernant **l'auteur, le titre, le sujet, l'objectif, les aspects importants, le destinataire** et **la conclusion** du texte ainsi que des **critères pour une bonne présentation**.

Structurez votre présentation.

l'auteur et la source utilisée	
le sujet principal du texte	
l'objectif du texte	
le public visé du texte	
les aspects principaux de la présentation	
la conclusion du texte	

2 Faites vos présentations à l'oral, à deux et donnez vos impressions à l'aide des critères ci-dessous.

		+	o	-
la clarté	Tu t'es fait comprendre.			
l'élégance	Tu as utilisé un style clair et simple.			
la cohérence	Tu as exposé les idées dans une chronologie logique.			
la concision	Tu as juste mentionné l'essentiel et évité les répétitions.			
la consistance	Tu as exposé des arguments qui s'enchaînent logiquement.			
l'appartenance	Le contenu était en relation avec le sujet donné.			
la profondeur	Tu as présenté tous les aspects nécessaires.			

3 Pour améliorer votre présentation, faites les activités en ligne sur les adjectifs et les adverbes, les propositions infinitives et les expressions pour bien présenter.

AVENIR, TECHNOLOGIE ET ÉCOLOGIE

// PRATIQUER LA MÉDIATION DE LANGUE //

Lors de votre projet sur l'écologie, votre groupe prépare un dossier visant à présenter les différentes approches françaises et allemandes de l'écologie chez soi. Vous avez trouvé le texte ci-dessous.

1 **Préparez votre médiation.**

S.26 Pour **préparer votre médiation**, consultez les conseils dans la « Abi-Grammatik », page 26.

Prenez des notes en considérant les points décrits sur la page suivante.

https://www.cleanipedia.com

Umweltfreundlich leben

Wir alle wollen etwas für die Umwelt tun. Die Maßnahmen, die wir treffen können, um unsere tägliche CO2-Bilanz zu verringern, können auf den ersten Blick entmutigend wirken. Es scheint, als müsse man sein Leben komplett umkrempeln, um einen Unterschied zu machen, aber die folgenden fünf Tipps sind gute Schritte, um sich diesem Ziel ganz einfach anzunähern.

Wäschewaschen: Wählen Sie Waschmittel, die auch bei 30 Grad effektiv reinigen, um Energie zu sparen, indem Sie kürzere Waschgänge oder eine niedrigere Temperatur beim Waschen verwenden. Andere empfehlenswerte Produkte sind solche, die entwickelt wurden, um weniger davon verwenden zu müssen oder deren Verpackung Sie auf dem Kompostierer entsorgen oder für andere Zwecke wiederverwenden können. Nachhaltiger Konsum ist keine Wissenschaft!

Reduzieren, wiederverwenden, recyceln: Wenn es um Abfälle geht, gibt es unzählige Möglichkeiten. Werden Sie kreativ und verwenden Sie Ihren Papierabfall wieder: Basteln Sie etwas Schönes daraus, zum Beispiel individuelle Briefumschläge oder Weihnachts- und Party-Dekorationen, verwenden Sie großes Papier oder Pappe als Leinwand für die Kinder, oder schützen Sie Ihren Bodenbelag damit, während Sie neu streichen.

Ausschalten: Energie sparen im Haushalt ist mit diesem Tipp einfacher denn je. Lassen Sie Ihre Geräte nicht im Standby-Modus laufen, sondern ziehen Sie den Stecker heraus, wenn Sie sie nicht benutzen. Dass Lampen, Fernseher und Heizungen ausgeschaltet werden sollten, wenn Sie den Raum länger nicht betreten, versteht sich von selbst.

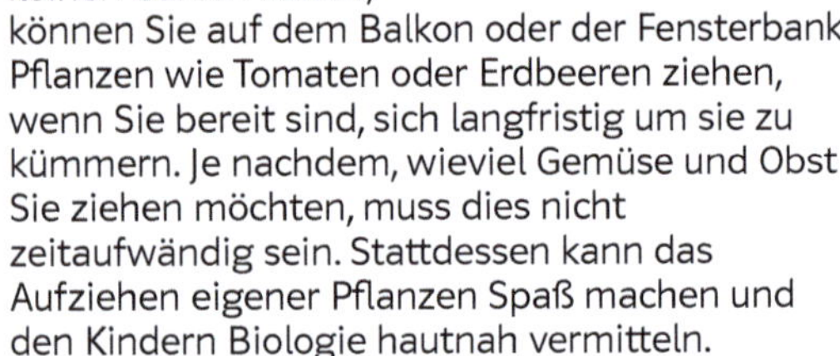

Gärtnern: Nachhaltiger Konsum bedeutet, Produkte zu verwenden, die zukunftsfähig oder erneuerbar sind. Gemüse- und Obstsetzlinge sind da keine Ausnahme. Selbst wenn Sie keinen Garten haben, können Sie auf dem Balkon oder der Fensterbank Pflanzen wie Tomaten oder Erdbeeren ziehen, wenn Sie bereit sind, sich langfristig um sie zu kümmern. Je nachdem, wieviel Gemüse und Obst Sie ziehen möchten, muss dies nicht zeitaufwändig sein. Stattdessen kann das Aufziehen eigener Pflanzen Spaß machen und den Kindern Biologie hautnah vermitteln.

Abfall fachgerecht entsorgen: Einige der Stoffe und Produkte, die wir im Haushalt verwenden, können der Umwelt schaden, wenn Sie nicht fachgerecht entsorgt werden. Wenn Sie beispielsweise Speiseöl entsorgen, schütten Sie dies nicht in die Kanalisation, da es die Rohre beschädigen kann. Kleine Mengen können Sie in einer verschlossenen Plastikflasche in die Restmülltonne geben, während größere Mengen bei einem Entsorgungshof abgegeben werden sollten.

Wenn Sie Elektrogeräte entsorgen, sollten Sie dies entweder auf einem Recyclinghof tun oder beim Großhandel oder Fachgeschäft, die Ihre Geräte seit Einführung des 2015 in Kraft gesetzten Elektro- und Elektronikgerätegesetzes bei Neukauf eines gleichwertigen Geräts ohne Aufpreis zurücknehmen müssen.

www.cleanipedia.com

2 **Transmettez son contenu aux autres membres de votre groupe.**

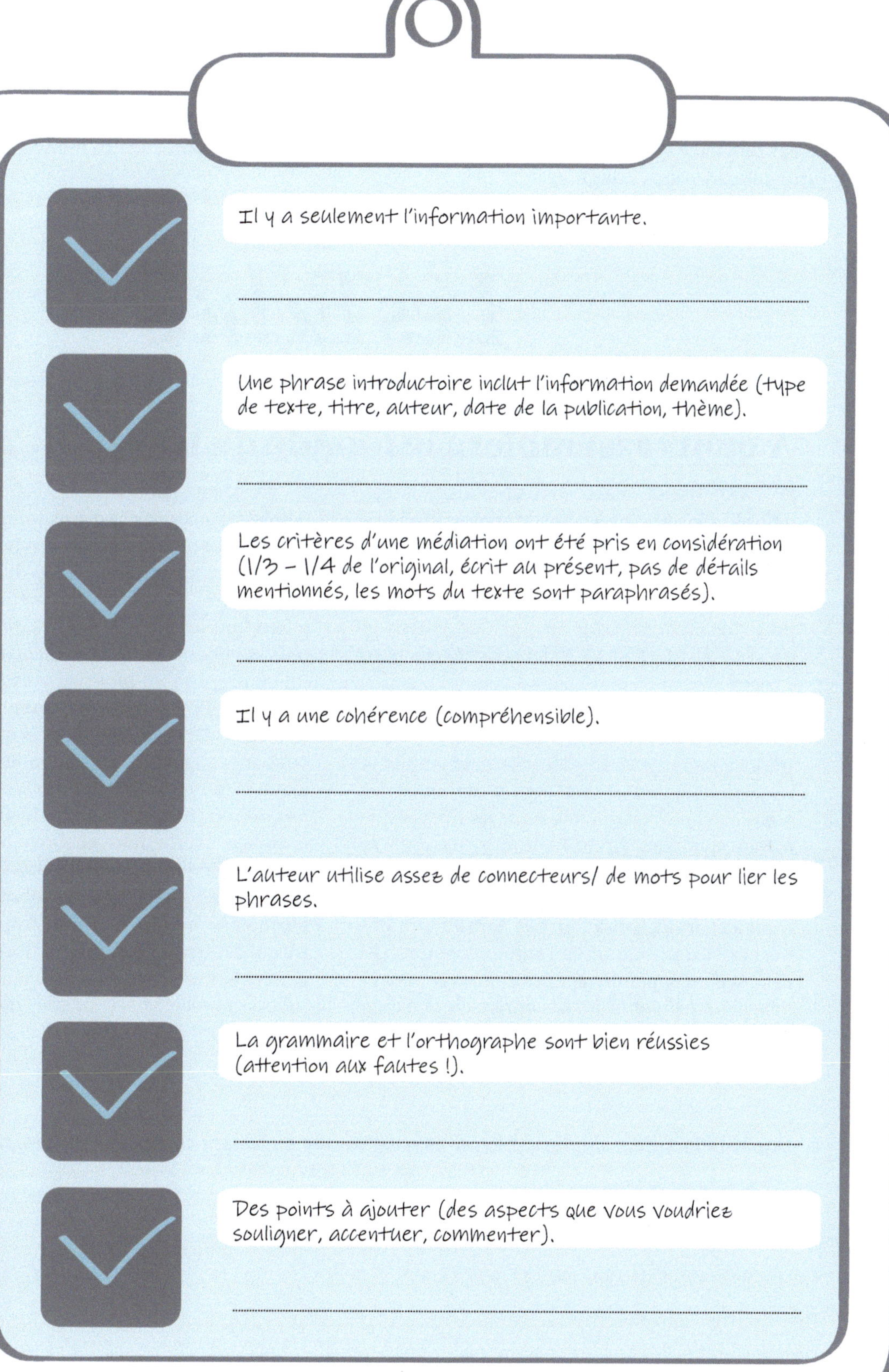
Il y a seulement l'information importante.
Une phrase introductoire inclut l'information demandée (type de texte, titre, auteur, date de la publication, thème).
Les critères d'une médiation ont été pris en considération (1/3 – 1/4 de l'original, écrit au présent, pas de détails mentionnés, les mots du texte sont paraphrasés).
Il y a une cohérence (compréhensible).
L'auteur utilise assez de connecteurs/ de mots pour lier les phrases.
La grammaire et l'orthographe sont bien réussies (attention aux fautes !).
Des points à ajouter (des aspects que vous voudriez souligner, accentuer, commenter).

LE MONDE DU TRAVAIL

// MATÉRIEL //

a. Avant la lecture, imaginez votre vie dans 15 ans. Vous aurez un poste de travail que vous aimez. Faites une liste des choses qu'il y aura encore et qu'il n'y aura plus dans le monde du travail du futur tel que vous l'imaginez.

b. Lisez le texte.

Les Echos

13 FÉVRIER 2017 lesechos.fr

À quoi ressemblera le monde du travail en 2030 ?

En 2030, l'open space sera la norme et des nouvelles formes innovantes d'organisation des bureaux devraient voir le jour. Le bureau deviendra un lieu mouvant dans lequel les salariés auront le choix entre espace collaboratif pour échanger et faire émerger des idées et espace individuel pour s'isoler et bénéficier d'un « cocon ».

Le statut d'autoentrepreneur tend à se développer. En effet, la source de revenus des travailleurs ne sera plus liée à un seul emploi et les individus auront tendance à multiplier les activités. Il en va de même pour les horaires de travail atypiques (travail du soir, de nuit, le samedi et dimanche).

L'entreprise du futur s'appuiera sur la formation continue, la digitalisation des Ressources Humaines et une culture de l'entrepreneuriat. Les dispositifs d'apprentissage sont devenus essentiels pour permettre à l'entreprise de s'adapter aux évolutions du marché. C'est pourquoi celles-ci devraient adopter le e-learning et ainsi, permettre aux salariés d'être plus performants et de faire face plus facilement au changement.

Puisque le business se fera différemment, il faudra gérer l'humain autrement. Ce n'est pas parce que les jeunes générations recherchent plus de liberté qu'elles veulent travailler dans une entreprise « libérée », sans présence d'un manager. Les futures générations veulent un manager 2.0, bienveillant, qui sait faire confiance, laisser de l'autonomie et reconnaître le travail de ses collaborateurs.

Les robots industriels ont déjà remplacé les hommes sur des chaînes de montage, notamment dans le secteur de l'industrie, mais dans certains secteurs, les robots travailleront aux côtés d'employés. Ainsi, dans le monde du travail de demain, on pourra trouver des robots industriels, mais aussi des robots logiciels, des robots médecins et même des robots qui fabriqueront des robots.

le texte ne provient pas de la rédaction des Echos mais d'un contributeur extérieur

c. Après la lecture, complétez les phrases suivantes en tenant compte des idées principales texte.

En 2030, le bureau sera ....

Les autoentrepreneurs auront ....

La formation des travailleurs deviendra ....

Les robots feront ....

d. Complétez votre liste en rajoutant les aspects dans le texte. Comparez la liste avec celle d'un voisin.

LE MONDE DU TRAVAIL

// PESER LE POUR ET LE CONTRE //

Avec un partenaire, discutez la vision du travail de demain que l'auteur présente :
- **Partenaire A apprécie beaucoup les différentes idées présentées dans le texte.**
- **Partenaire B a plutôt peur des changements que l'auteur prédit dans son article.**

1 **Préparez votre discussion.**

S.96

Pour bien vous préparer à la **discussion**, suivez les conseils que vous trouvez dans la « Abi-Grammatik », p. 96. Il y est question du **sujet**, des **arguments**, de la **chronologie**, des **contre-arguments**, de l'**opinion** et de la **conclusion**.

Structurez vos arguments selon les critères suivants.

votre sujet / votre position	
vos arguments (du plus faible au plus puissant)	
vos exemples pour illustrer vos arguments	
des arguments d'experts	
votre conclusion	

2 « Le travailleur de demain, sera-t-il plus heureux que le travailleur d'aujourd'hui ? »

Discutez de ce sujet avec votre partenaire.

N'oubliez pas de consulter la liste des expressions pour peser le pour et le contre et pour discuter dans la « Abi-Grammatik », p. 99.

Trouvez des expressions qui vous aident à justifier votre position et enchaînez-les avec vos arguments.

3 **Pour améliorer votre discussion, faites les activités en ligne sur le conditionnel, le futur composé et le futur simple.**

LE MONDE DU TRAVAIL

// RÉDIGER //

La Défense, Paris

Imaginez que vous faites un stage dans une entreprise parisienne. Après trois semaines, votre corres vous écrit un e-mail et vous demande de lui raconter l'expérience la plus intéressante que vous avez faite au travail jusqu'à présent.

1 Préparez votre rédaction.

S.105

Avant de rédiger votre texte, trouvez la méthode pour l'écriture libre dans la « Abi-Grammatik », page 105. On vous y propose de **structurer vos idées** selon les questions **quoi, qui, ou, quand** etc. et vous donne d'autres conseils utiles pour bien écrire votre texte.

Structurez vos idées.

quoi ?	
qui ?	
où ?	
quand ?	
pourquoi ?	
comment ?	
quel(s) / quelle(s) ?	
combien ?	

des idées pour des expériences qu'on pourrait raconter :
un événement avec vos collègues • une tâche intéressante • un déplacement avec votre patron • une rencontre avec un client • un projet qui vous intéresse • la présentation d'un nouveau produit

2 Rédigez votre e-mail pour répondre à votre corres en lui racontant l'expérience intéressante que vous avez faite.
N'oubliez pas de consulter la liste des expressions pour raconter dans la « Abi-Grammatik », pages 109–110. Trouvez des expressions qui vous aident à raconter de façon vivante, claire et précise.

3 Pour améliorer votre rédaction, faites les activités en ligne sur les mots charnières et le futur simple.

L'ENGAGEMENT POLITIQUE ET SOCIAL

// MATÉRIEL //

a. Avant la lecture, discutez avec un partenaire : De quoi avez-vous peur pour l'avenir ? Qu'est-ce qui vous donne de l'espoir ?

b. Lisez le texte.

BLOG

"CONVERSATION AVEC JACQUES ATTALI"

Les Français rêvent-ils d'être des radis ?

Le parti de ceux qui pensent que c'était mieux avant, est en train de devenir idéologiquement majoritaire. Il rassemble ceux qui se souviennent avec nostalgie du moment où la France se croyait souveraine, ceux qui affichent la peur de l'avenir. On peut comprendre les craintes de ceux qui voient la concurrence mondiale détruire leurs emplois. On peut comprendre ceux qui veulent conserver leur langue, leur cuisine, leur paysage, leur identité. Mais on ne peut approuver ceux qui pensent que c'était mieux avant, car ce n'est pas vrai. Et cela ne l'a jamais été : il faut être ignare pour penser, par exemple, que la France de Louis XIV était heureuse et puissante, alors qu'elle était le lieu de la pauvreté et de la dictature. [...]

Aujourd'hui, ce parti de la nostalgie rassemble des gens de tous les horizons politiques qui glorifient les « racines », qui seraient la condition de la bonne vie. Quelle absurde métaphore ! Des racines ? Comme si l'idéal des Français était d'être des radis ! Comme s'il fallait rester vivre là où on est né. Comme s'il fallait tout refuser du monde. Comme s'il fallait fermer nos frontières aux influences venues d'ailleurs. Comme s'il fallait ne recevoir aucun étranger, sinon ceux qui nous ressemblent.

Était-ce mieux quand personne ne quittait son village ? Était-ce mieux quand on ne pouvait rencontrer et épouser que ses cousins ou cousines, voisins ou voisines ? Était-ce mieux quand on ne pouvait embrasser d'autre métier que celui de son père ? Était-ce mieux quand l'Europe était un champ de bataille, comme elle le fut pendant vingt siècles ? Était-ce mieux quand la France chassait de son territoire les juifs ou les protestants ? Ceux qui pensent que oui rêvent-ils aujourd'hui d'en chasser les musulmans ? Serait-ce mieux si on se fermait au monde ? [...]

La souveraineté n'est pas enfermée dans des frontières matérielles, elle l'est dans celles du savoir, qu'il nous importe de préserver et d'améliorer par l'éducation. Est souverain celui qui sait. Et donc celui qui voyage et reçoit des voyageurs.

**c. Après la lecture, réfléchissez à la question suivante :
D'après vous, à qui l'auteur pense-t-il quand il dit « ceux qui » ? Faites des hypothèses.**

d. Cochez l'affirmation qui correspond le mieux au texte.

L'auteur accuse le « parti de la nostalgie »

- ☐ de ne pas apprécier le progrès.
- ☐ de vouloir s'isoler d'influences externes.
- ☐ de ne pas accepter d'opinions différentes.
- ☐ d'essayer de préserver des privilèges.

L'ENGAGEMENT POLITIQUE ET SOCIAL

// ANALYSER LA LANGUE ET LE STYLE D'UN TEXTE //

1 **Préparez votre analyse.**

S.56–58

Consultez la liste des moyens stylistiques et les exemples donnés dans le chapitre **Comment faire l'analyse / étude de la langue et du style d'un texte ?** dans la « Abi-Grammatik », pages 56–58.

Caractérisez le style du texte. Choisissez parmi les différents adjectifs ci-dessous deux ou trois qui caractérisent le mieux le style du texte de Jacques Attali.

simple • clair • confus • ironique • direct • rhétorique • complexe • neutre • grotesque • critique • sarcastique • prétentieux • sophistiqué • répétitif • concis • descriptif • narratif • dramatique • humoristique • réaliste • dynamique • vivant

Le style de l'auteur est plutôt ....

Sa manière d'écrire me paraît ....

Relevez dans le texte les moyens stylistiques les plus importants.

une/des comparaison(s)	
une/des métaphores(s)	
une/des répétition(s) une/des énumération(s)	
un/des parallélisme(s)	
une/des question(s) rhétorique(s)	
une/des antihèse(s)	

2 **Dégagez-en la fonction pour l'intention de l'auteur. N'oubliez pas d'utiliser les expressions de la page 61 dans la « Abi-Grammatik ».**

3 **Pour améliorer votre analyse, faites les activités en ligne sur le gérondif et les prépositions.**

L'ENGAGEMENT POLITIQUE ET SOCIAL

// EXPLIQUER //

Expliquez l'intention de l'auteur.

1 **Préparez votre explication.**

S.68

Consultez la stratégie dans la « Abi-Grammatik », p. 68. Vous y trouverez des conseils concernant **la lecture générale du texte, la réflexion, la lecture détaillée et la combinaison des idées.**

Réfléchissez au texte.

éduquer le lecteur • souligner une idée • avertir qn • mettre en évidence une erreur • montrer des conséquences • faire réfléchir qn • démasquer qn • réfuter qc • illustrer une pensée • donner des exemples • faire allusion à qc • prendre position pour/contre une idée • donner à réfléchir

Quel est le sujet du texte ?	
Quel effet le texte produit-il ?	
Quels sont les mots-clés ?	
Quel est l'effet des répétitions et des questions rhétoriques ?	

2 **Rédigez votre explication en utilisant les expressions de la page 71 de la « Abi-Grammatik ».**

3 **Pour améliorer votre explication, faites les activités en ligne sur les pronoms et adjectifs démonstratifs.**

LA FRANCE, L'ALLEMAGNE ET L'EUROPE

// MATÉRIEL //

a. Avant la lecture, réfléchissez à la question « L'Europe, est-elle importante pour vous personnellement ? » Discutez à deux.

b. Lisez le texte.

L'avenir de l'Europe : Libérer le potentiel des jeunes

L'Union européenne se trouve à un carrefour[1] et la seule direction à prendre est celle où les jeunes seront inclus dans ses décisions et où ils seront au cœur de ses politiques.

Nous nous trouvons face à une série de problèmes internes et externes qui affectent[2] l'unité de l'Union : les flux migratoires[3], les menaces[4] sur la sécurité, le changement climatique, les disparités économiques etc. Le Forum européen de la Jeunesse estime que le projet européen, soutenu par une vaste majorité de jeunes, est le seul chemin viable pour une Europe durable, sociale, prospère et démocratique pour les citoyens et pour notre planète. Mais l'Union européenne n'a d'avenir que si elle se rapproche de ses citoyens.

Les citoyens n'ont pas suffisamment de contrôle sur leur avenir commun. En ce qui nous concerne, nous les jeunes, nous ne sommes pas représentés dans le système politique actuel et nous sommes souvent exclus des décisions qui nous concernent nous et les générations futures. Pourtant, les jeunes veulent faire partie de l'Europe. Nous voulons une Union européenne qui libère notre potentiel, qui offre un avenir prometteur, et qui sauvegarde nos droits humains fondamentaux.

Actuellement ce n'est pas le cas. Les jeunes sont systématiquement sous-représentés dans l'arène politique et exclus de la société, ce qui affaiblit les niveaux de confiance dans le système et dans les institutions de la démocratie représentative. Le désengagement par rapport à la sphère politique traditionnelle peut conduire les jeunes à se diriger vers des mouvements populistes, antidémocratiques et xénophobes, et dans certains cas aussi vers l'extrémisme violent en Europe. Ce mouvement sape la cohésion sociale et le projet européen lui-même.

Plusieurs idées ont été suggérées pour aborder l'avenir de l'UE et la place des jeunes en Europe. Des propositions comme le Corps européen de Solidarité, l'extension de la Garantie pour la Jeunesse et le billet Interrail pour tous les jeunes de 18 ans sont des contributions bienvenues dans les discussions. Cependant, une telle approche qui équivaut à des propositions ad-hoc et descendantes est loin de la vision ascendante et participative que l'Union européenne devrait mettre en œuvre. Les jeunes n'ont pas besoin d'initiatives symboliques à court terme mais bien de solutions à long terme, élaborées avec notre contribution, et basées sur une stratégie détaillée en faveur du développement durable de l'Europe.

*1 **un carrefour** Kreuzung, Weggabelung – 2 **affecter** betreffen – 3 **les flux migratoires** Migrantenströme – 4 **une menace** Bedrohung*

c. Cochez la ou les affirmations qui correspond(ent) le mieux au texte.

Les auteurs de ce manifeste
- ☐ proposent des mesures concrètes.
- ☐ réclament la participation des jeunes.
- ☐ critiquent les gouvernements européens.
- ☐ demandent des solutions rapides.

L'Europe, d'après les auteurs,
- ☐ souffre d'un désintérêt de ses citoyens.
- ☐ est affaiblie par l'extrémisme violent.
- ☐ manque d'idées pour l'avenir des jeunes.
- ☐ a perdu son importance politique.

LA FRANCE, L'ALLEMAGNE ET L'EUROPE

// PRÉCISER //

Précisez la vision du Forum européen de la Jeunesse concernant l'Europe.

1 Préparez votre précision.

S.18–19

Lisez les stratégies que vous trouvez dans la « Abi-Grammatik », pages 18–19. Il y est question des indications concernant **l'auteur, le titre, le sujet, l'objectif, les aspects importants, le destinataire et la conclusion** du texte ainsi que des critères pour une bonne présentation.

Dégagez du texte les informations importantes sur :
a) l'Europe telle qu'elle est aujourd'hui
b) l'Europe telle que les auteurs du texte la souhaitent.

a)		b)
les problèmes actuels de l'Europe :	les risques de la situation actuelle :	l'image de rêve de l'Europe :
		les demandes des jeunes :
		la conclusion :

2 Rédigez votre précision en tenant compte des mots-clés ci-dessous :

la participation des jeunes • l'avenir commun • la confiance dans le système politique • les générations futures • le potentiel des jeunes • les droits humains et fondamentaux • le danger des extrémismes • les solutions à long terme

3 Pour améliorer votre précision, faites les activités en ligne sur les adverbes et les constructions pour raccourcir les phrases.

LA FRANCE, L'ALLEMAGNE ET L'EUROPE

// ANALYSER / ÉTUDIER / EXAMINER //

Analysez le texte du Forum européen de la Jeunesse concernant l'avenir de l'Europe.

1 Préparez votre analyse.

 S. 52

Lisez la stratégie **Analyse eines Zeitungsartikels** dans la « Abi-Grammatik », p. 52. Vous y trouverez des consignes concernant **la fonction, la structure et les arguments** d'un texte ainsi que **son message**.

Examinez le texte.

Le texte contient / est composé / est formé par • Le premier paragraphe… commence et termine par la ligne • va de la ligne... à la ligne • On peut découper le texte en … parties • L'auteur utilise la métaphore pour montrer • C 'est l'énonciation principale pour comprendre que • La citation de X se refère à… / aux… • On peut aussi expliquer que… • Dans le texte, il y en a des exemples clairs qui montrent / qui aident à… • L'auteur a l'intention… … d'informer le lecteur sur • … de prouver… • … de documenter… • … de persuader le lecteur de… • … de sensibiliser le lecteur sur…

Déterminez le type de texte.	
Dites de quoi il s'agit.	
Définissez si le texte est argumentatif, descriptif, explicatif ou narratif.	
Décrivez la structure du texte (le nombre de paragraphes, leurs sujets, les aspects importants).	
Examinez la solidité de l'argumentation : Est-elle compréhensible, logique, bien structurée ?	
Étudiez l'intention de l'auteur.	

2 Rédigez votre analyse sans oublier de citer les passages exacts du texte. Consultez les conseils pour bien citer p. 55 et les expressions pour faire une analyse ou une étude p. 61.

3 Pour améliorer votre analyse, faites les activités en ligne sur le discours indirect.

LE FRANÇAIS DANS LE MONDE

// MATÉRIEL //

Le Point

Francophonie - Leïla Slimani : « Le français, c'est cool »

Non, le français « n'est pas ringard ». La romancière franco-marocaine Leïla Slimani en est persuadée et entend défendre la langue de Molière corps et âme. Alors que le nombre de francophones devrait presque tripler d'ici environ 30 ans dans le monde, la conseillère d'Emmanuel Macron sur la francophonie veut donc prouver qu'il y a du bon à savoir parler français. « Pour beaucoup de gens, la langue française est considérée comme une langue de boudoir, de lettrés, mais pas comme une langue pragmatique, qui sert à trouver du travail », reconnaît la Prix Goncourt 2016 pour *Chanson douce,* plus prestigieuse récompense littéraire française.

« Il faut dire que non : c'est aussi une langue de l'entreprise, du travail. Le français, c'est cool », dit-elle, rappelant dans un sourire que « cool » est aujourd'hui « entré dans la langue française ».

Pour réaliser cet ambitieux programme, la jeune et dynamique femme de 36 ans veut persuader les Français du « potentiel » de leur langue, dont le nombre de locuteurs devrait quasiment tripler d'ici à 2050, de 274 millions aujourd'hui à 750 millions, grâce à l'explosion démographique en Afrique.

« Chaque Français doit devenir l'ambassadeur de la francophonie », juge-t-elle dans un entretien à l'AFP. « Il faut faire vivre la francophonie en France », dit-elle, se souvenant de sa consternation quand elle a découvert qu' « énormément de lycéens français sont incapables de citer un auteur issu du monde francophone ». À l'étranger pourtant, la francophonie est « extrêmement vivace », témoigne l'ancienne élève du lycée français de Rabat, venue à Paris pour ses études après avoir vécu au Maroc avec un père marocain et une mère mi-alsacienne, mi-algérienne.

« En Chine, on ne peut pas imaginer le nombre d'apprenants de la langue française. En Corée, la progression est de 20–30 % et des pays d'Afrique anglophone se mettent au français, comme le Ghana et le Nigeria », s'enthousiasme la jeune femme au flot de paroles vif. Le président français Emmanuel Macron avait déjà souligné lors de son récent voyage en Chine que l'empire du Milieu devait « être une terre de francophonie ». Selon l'Organisation internationale de la francophonie (OIF), environ 120 000 étudiants chinois apprennent le français, y voyant un atout pour faire du commerce avec l'Afrique. « Le français est un atout pour l'avenir », avait estimé le président de la République.

Et pourquoi pas une deuxième place mondiale ? Le français « pourrait » en effet devenir la deuxième langue internationale, derrière l'anglais. Elle est la quatrième aujourd'hui, devancée par l'espagnol et l'arabe. (...) « La France doit être à l'avant-garde de l'apprentissage du français », acquiesce Leïla Slimani, misant sur le « grand plan pour la langue française » que Macron présentera le 20 mars, lors de la Journée internationale de la francophonie, et qu'il avait déjà esquissé en novembre lors de son discours de Ouagadougou.

« Il y a bien longtemps que la langue française n'est plus uniquement française. Elle est autant, voire davantage africaine », avait-il alors lancé, vantant un « français au pluriel ». « Il faut sortir d'une vision jacobine du français où le bon français serait ici » en France, renchérit Leïla Slimani. L'auteur « accompagne » le chef de l'État dans la préparation de son plan, mais elle a conscience que ses moyens sont limités.

« Je n'ai pas de budget, pas de bureau, et je ne suis pas payée. Je ne fais pas partie du gouvernement. Je suis un électron libre », admet-elle, sans pour autant s'en plaindre. Intellectuelle très en vue en France, Leïla Slimani avait été choisie en novembre pour la seule mission bénévole de représenter le président français à l'Organisation internationale de la francophonie (OIF), qui regroupe 84 États et gouvernements.

LE FRANÇAIS DANS LE MONDE

// DÉCRIRE / CARACTÉRISER / FAIRE LE PORTRAIT DE //

Leïla Slimani a été nommée en 2018 « représentante personnelle du président de la République pour la francophonie ». Faites son portrait à partir de l'article que vous venez de lire.

1 **Préparez votre caractérisation.**

 S.44–45

Consultez les stratégies **Eine Person beschreiben, Eine Person charakterisieren** et **Aufbau der Charakterisierung** dans la « Abi-Grammatik », pages 44–45. Vous y trouverez des consignes concernant la caractérisation à partir de **l'apparence physique**, des **qualités et attitudes**, de **l'impression générale** etc. d'un personnage.

 *photo originale*

Décrivez d'abord l'apparence physique à partir de la photo.

le physique	
l'impression produite	

Complétez la grille avec les informations que l'auteur donne sur Mme Slimani.

la romancière franco-marocaine • est persuadée • entend défendre corps et âme • veut prouver qu'il y a du bon à savoir parler • une langue pragmatique • le Prix Goncourt 2016 • la plus prestigieuse récompense littéraire • rappelant dans un sourire • sa consternation • ancienne élève du lycée français de Rabat • venue à Paris pour ses études • jeune femme au flot de paroles vif …

	caractérisation directe	caractérisation indirecte
l'extérieur		
l'intérieur		

2 **Rédigez votre caractérisation après avoir consulté les expressions avec adjectifs pour décrire et caractériser un personnage dans la « Abi-Grammatik », pages 46–47. N'oubliez pas de citer les passages du texte (voir conseils p. 55 dans la « Abi-Grammatik ».)**

3 **Pour améliorer votre caractérisation, faites les activités en ligne sur le discours indirect.**

LE FRANÇAIS DANS LE MONDE

// COMMENTER / ÉVALUER / PRENDRE POSITION ET JUSTIFIER //

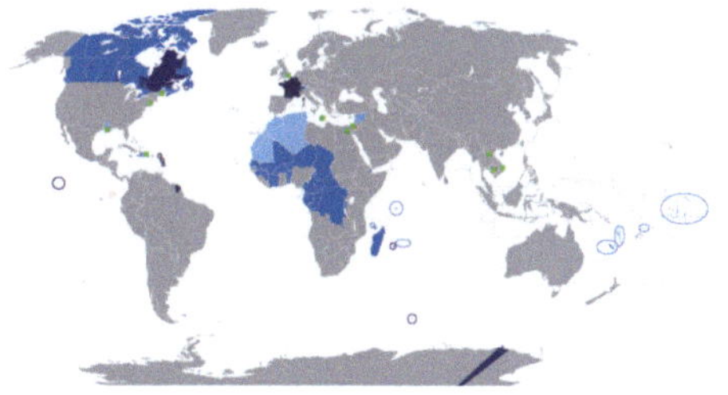

« La langue française n'est plus uniquement française ».
Commentez cette affirmation de Mme Slimani.

1 **Préparez votre commentaire.**

S.88

Lisez la stratégie **Charakteristika argumentativer Texte** dans la « Abi-Grammatik », p. 88. Vous y trouverez des consignes concernant **le point de départ, la structure** et **la conclusion d'un texte argumentatif**.

Dégagez du texte les arguments qui soutiennent cette affirmation. Notez des mots-clés.

Aspects…

concernant la fonction « pragmatique » du français	
concernant le nombre de francophones dans le monde	
concernant l'importance du français par rapport à d'autres langues	
concernant le rôle des Français pour la francophonie	

Avec un partenaire, trouvez des arguments possibles contre cette affirmation. Notez des mots-clés.

2 **Rédigez votre commentaire sans oublier de citer les passages exacts du texte. Consultez aussi les conseils, pages 92–93.**

3 **Pour améliorer votre commentaire, faites les activités en ligne sur les mots charnières et le subjonctif.**

LA LITTÉRATURE : *L'HÔTE* D'ALBERT CAMUS

Albert Camus, Jacques Ferrandez, *L'Hôte*

// MATÉRIEL //

L'instituteur regardait les deux hommes monter vers lui. L'un était à cheval, l'autre à pied. Ils n'avaient pas encore entamé le raidillon abrupt qui menait à l'école, bâtie au flanc d'une colline. Ils peinaient, progressant lentement dans la neige, entre les pierres, sur l'immense étendue du haut plateau désert. De temps en temps, le cheval bronchait visiblement. On ne l'entendait pas encore, mais on voyait le jet de vapeur qui sortait alors de ses naseaux. L'un des hommes, au moins, connaissait le pays. Ils suivaient la piste qui avait pourtant disparu depuis plusieurs jours sous une couche blanche et sale. L'instituteur calcula qu'ils ne seraient pas sur la colline avant une demi-heure. Il faisait froid ; il rentra dans l'école pour chercher un chandail.

Il traversa la salle de classe vide et glacée. Sur le tableau noir les quatre fleuves de France, dessinés avec quatre craies de couleurs différentes, coulaient vers leur estuaire depuis trois jours. La neige était tombée brutalement à la mi-octobre, après huit mois de sécheresse, sans que la pluie eût apporté une transition et la vingtaine d'élèves qui habitaient dans les villages disséminés sur le plateau ne venaient plus. Il fallait attendre le beau temps. Daru ne chauffait plus que l'unique pièce qui constituait son logement, attenant à la classe, et ouvrant aussi sur le plateau à l'est. Une fenêtre donnait encore, comme celles de la classe, sur le midi. De ce côté, l'école se trouvait à quelques kilomètres de l'endroit où le plateau commençait à descendre vers le sud. Par temps clair, on pouvait apercevoir les masses violettes du contrefort montagneux où s'ouvrait la porte du désert.

Un peu réchauffé, Daru retourna à la fenêtre d'où il avait, pour la première fois, aperçu les deux hommes. On ne les voyait plus. Ils avaient donc attaqué le raidillon. Le ciel était moins foncé : dans la nuit, la neige avait cessé de tomber. Le matin s'était levé sur une lumière sale qui s'était à peine renforcée à mesure que le plafond de nuages remontait. À deux heures de l'après-midi, on eût dit que la journée commençait seulement. Mais cela valait mieux que ces trois jours où l'épaisse neige tombait au milieu des ténèbres incessantes, avec de petites sautes de vent qui venaient secouer la double porte de la classe. Daru patientait alors de longues heures dans sa chambre, dont il ne sortait que pour aller sous l'appentis, soigner les poules et puiser dans la provision de charbon. Heureusement, la camionnette de Tadjid, le village le plus proche au nord, avait apporté le ravitaillement deux jours avant la tourmente. Elle reviendrait dans quarante-huit heures.

Il avait d'ailleurs de quoi soutenir un siège, avec les sacs de blé qui encombraient la petite chambre et que l'administration lui laissait en réserve pour distribuer à ceux de ses élèves dont les familles avaient été victimes de la sécheresse. En réalité, le malheur les avait tous atteints puisque tous étaient pauvres. Chaque jour, Daru distribuait une ration aux petits. Elle leur avait manqué, il le savait bien, pendant ces mauvais jours. Peut-être un des pères ou des grands frères viendrait ce soir et il pourrait les ravitailler en grains. Il fallait faire la soudure avec la prochaine récolte, voilà tout. Des navires de blé arrivaient maintenant de France, le plus dur était passé. Mais il serait difficile d'oublier cette misère, cette armée de fantômes haillonneux errant dans le soleil, les plateaux calcinés mois après mois, la terre recroquevillée peu à peu, littéralement torréfiée, chaque pierre éclatant en poussière sous le pied. Les moutons mouraient alors par milliers, et quelques hommes, çà et là, sans qu'on puisse toujours le savoir.

Devant cette misère, lui qui vivait presque en moine dans cette école perdue, content d'ailleurs du peu qu'il avait, et de cette vie rude, s'était senti un seigneur, avec ses murs crépis, son divan étroit, ses étagères de bois blanc, son puits, et son ravitaillement hebdomadaire en eau et en nourriture. Et, tout d'un coup, cette neige, sans avertissement, sans la détente de la pluie. Le pays était ainsi, cruel à vivre, même sans les hommes, qui, pourtant, n'arrangeaient rien. Mais Daru y était né. Partout ailleurs, il se sentait exilé.

3 **entamer** *ici :* commencer à monter – 3 **un raidillon** Steilhang – 4 **une colline** Hügel – 5 **peiner** avoir des difficultés – 6 **une étendue** Weite – 7 **désert,e** sans hommes – 8 **broncher** *pour un cheval :* faire un faux pas – 9 **un jet de vapeur** Dampfstrahl – 10 **les naseaux** *mpl* die Nüstern – 16 **un chandail** un pullover – 20 **un estuaire** Mündung – 22 **la sécheresse** Trockenheit – 24 **disséminé, e** verstreut liegend – 27 **attenant à** à côté de – 33 **un contrefort montagneux** Vorgebirge – 38 **foncé, e** ≠ clair, e – 42 **on eût dit que** on aurait dit que ; on avait l'impression (fausse) que – 45 **les ténèbres** *fpl* l'obscurité profonde – 45 **incessant, e** qui dure – 46 **une saute de vent** changement brusque de direction ou d'intensité du vent – 49 **un appentis** angebauter Schuppen – 50 **puiser** prendre qc dans une réserve – 50 **le charbon** Kohle – 53 **le ravitaillement** Versorgung – 53 **une tourmente** une violente tempête – 55 **soutenir un siège** einer Belagerung standhalten – 56 **encombrer qc** y prendre trop de place – 60 **atteindre qn** *ici :* toucher qn (treffen) – 65 **ravitailler qn en grains** jdn mit Getreide versorgen – 65 **faire la soudure avec** überbrücken bis – 66 **une récolte** Ernte – 69 **haillonneux, euse** in Lumpen – 70 **calciné, e** verbrannt – 71 **recroquevillé** *ici :* ausgedörrt und brüchig – 72 **torréfié** geröstet – 76 **vivre en moine** wie ein Mönch leben – 79 **un mur crépi** eine verputzte Wand – 80 **un puits** Brunnen

Albert Camus, « L'Hôte » in *L'Exil et le Royaume*

LA LITTÉRATURE : *L'HÔTE* D'ALBERT CAMUS

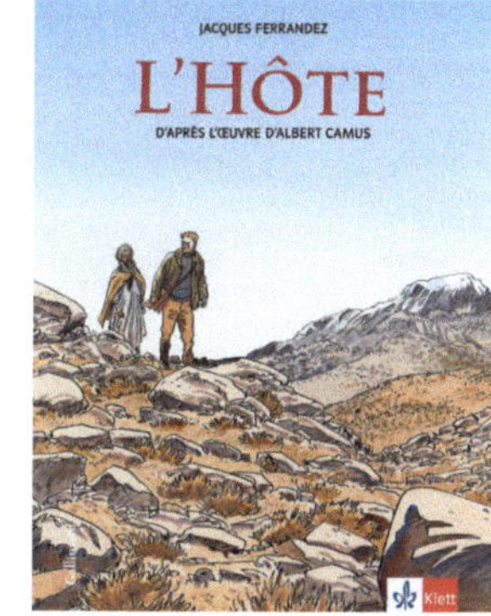

Albert Camus, Jacques Ferrandez, *L'Hôte*

// RÉSUMER //

Après avoir lu le début de « L'Hôte » d'Albert Camus, vous êtes censé en rendre compte dans votre cours de français. Faites d'abord un résumé de l'extrait.

1 **Préparez votre résumé.**

S. 32

Consultez la stratégie **Texte / Filme zusammenfassen** dans la « Abi-Grammatik », p. 32. Vous y trouverez des consignes pour résumer **les idées principales** d'un texte ainsi que des informations concernant **la structure** et **le style d'un résumé**.

Recherchez sur Internet les informations suivantes.

Titre original du livre	
Date et lieu de sa parution	
Nom et dates biographiques de l'auteur	
Genre du texte	
Temps et lieu de l'action	

Identifiez les informations principales du texte. Complétez la grille.

Où ?	
Quand ?	
Qui ?	
Quoi ?	

Découpez le texte en 3 parties (ou plus). Trouvez un titre / une paraphrase pour chaque partie du texte. Complétez la liste dans votre cahier si nécessaire.

1ère partie (l._____ – _____) :	
2ème partie (l._____ – _____) :	
3ème partie (l._____ – _____)	

…

2 **Rédigez le résumé du début de « L'Hôte ». N'oubliez pas de consulter les expressions dans la « Abi-Grammatik », pages 36–38.**

3 **Pour améliorer votre résumé, faites les activités en ligne sur** les expressions pour faire un résumé et les connecteurs**.**

LA LITTÉRATURE : *L'HÔTE* D'ALBERT CAMUS

// ANALYSER / ÉTUDIER / EXAMINER //

Analysez le début de « L'Hôte » d'Albert Camus.

Albert Camus, Jacques Ferrandez, *L'Hôte*

1 **Préparez votre analyse.**

S. 52

Lisez la stratégie **Analyse eines literarischen Textes** dans la « Abi-Grammatik », p. 52. Vous y trouverez des consignes concernant **le genre du texte, son message, son contenu et sa forme**.

Analysez le début de la nouvelle. Examinez en particulier les passages suivants.

L'instituteur **regardait** les deux hommes **monter vers lui. L'un était à cheval, l'autre à pied.** (...) **Ils peinaient, progressant lentement** dans **la neige**, entre **les pierres**, sur **l'immense étendue** du haut plateau désert. De temps en temps, **le cheval bronchait** visiblement. On **ne l'entendait** pas encore, mais on **voyait le jet de vapeur** qui sortait alors de ses naseaux. **L'un des hommes**, au moins, **connaissait le pays**. (...)

Faites des hypothèses / des remarques par rapport...

... aux conditions / aux circonstances du **voyage** des deux hommes	
... à leur **relation** / à la relation avec l'instituteur	
... à l'effet de l'usage de l'**imparfait** (regardait, était, peinaient, bronchait, ...)	

Mais il serait difficile d'oublier **cette misère, cette armée de fantômes haillonneux** errant dans le soleil, **les plateaux calcinés** mois après mois, **la terre recroquevillée** peu à peu, littéralement **torréfiée**, chaque pierre **éclatant en poussière** sous le pied. **Les moutons mouraient** alors par milliers, **et quelques hommes**, çà et là, sans qu'on puisse toujours le savoir.

Faites des hypothèses / des remarques par rapport...

... à la **situation** du pays pendant l'été précédent.	
... au vocabulaire pour faire la **description** de la nature.	
... à l'effet de la **structure des phrases** et à l'usage du déterminant « **ce (cette)** ».	

Daru **ne chauffait plus** que l'unique pièce qui constituait son logement, attenant à la classe, et ouvrant aussi sur le plateau à l'est. (...) Daru **patientait alors de longues heures** dans sa chambre, dont **il ne sortait que** pour aller sous l'appentis, **soigner les poules** et **puiser dans la provision** de charbon. Il **avait d'ailleurs de quoi soutenir** un siège, avec les sacs de blé qui encombraient la petite chambre et que l'administration lui laissait en réserve **pour distribuer** à ceux de ses élèves dont les familles avaient été victimes de la sécheresse. (...)
Chaque jour, **Daru distribuait une ration** aux petits. Elle leur avait manqué, **il le savait** bien, pendant ces mauvais jours. (...) Devant cette misère, lui **qui vivait presque en moine** dans cette école perdue, **content d'ailleurs** du peu qu'il avait, et de cette vie rude, **s'était senti un seigneur**, (...) Mais **Daru y était né**. Partout ailleurs, **il se sentait exilé**.

Faites des hypothèses / des remarques par rapport...

... aux **conditions de vie** de Daru.	
... à son **attitude** / son comportement.	
... à l'effet des **verbes utilisés** (patienter, soigner, distribuer, savoir, vivre, se sentir, ...)	

2 **Rédigez votre analyse sans oublier de citer les passages exacts du texte (voir les conseils p. 55 dans la « Abi-Grammatik »). Consultez aussi les expressions pour faire une analyse ou une étude pages 56–58 et 61.**

3 **Pour améliorer votre analyse, faites les activités en ligne sur la voix passive.**

Bildquellenverzeichnis

5 Klett-Archiv, Stuttgart; **6** Klett-Archiv, Stuttgart; **9** © Bayard Presse - Phosphore - Texte: Sandrine POUVERREAU; Illustration: Jérôme SIE – 2014; **15** iStockphoto (grauy), Calgary, Alberta; **16** iStockphoto (Flavio Vallenari), Calgary, Alberta; **17.1** Thinkstock (svetkor), München; **17.2** Thinkstock (anouchka), München; **17.3** Thinkstock (tulla), München; **17.4** Thinkstock (Carp71), München; **17.5** Thinkstock (bluecaterpillar), München; **18.1** stock.adobe.com (Chlorophylle), Dublin; **18.2** Les Salins du Midi, Aigues-Mortes; **18.3** Les Salins du Midi, Aigues-Mortes; **21** LeParisien, PARIS CEDEX 15; **22** Shutterstock (connel), New York; **24** Shutterstock (Sebastien DURAND), New York; **27** SNCF VOYAGES, Paris La Défense; **28** iStockphoto (btrenkel), Calgary, Alberta; **31** Thinkstock (BadBrother), München; **33** L';OBS, Paris; **34** Shutterstock (Burdun Iliya), New York; **36** iStockphoto (fizkes), Calgary, Alberta; **39** Le Monde, Paris; **40** Thinkstock (Chanutthaporn19), München; **42** iStockphoto (DrAfter123), Calgary, Alberta; **45** Méziane Boudellal : Écologique et autonome - Concevoir autrement son habitat © Dunod, 2011, Paris; **49** Thinkstock (darenwoodward), München; **51** © Les Echos; **52** Thinkstock (SIphotography), München; **54** Getty Images (Bosca78), München; **57** Jacques Attali; **58** iStockphoto (erhui1979), Calgary, Alberta; **60** Thinkstock (Brand X Pictures), München; **63** By European Youth Forum, 2016; **64** Getty Images (altmodern), München; **66** Thinkstock (Lydie_B), München; **70** LUDOVIC MARIN/AFP/Getty Images; **72** By aaker [Public domain], from Wikimedia Commons; **75** Albert Camus, Jacques Ferrandez, L'Hôte© Éditions Gallimard Jeunesse; **76** Albert Camus, Jacques Ferrandez, L'Hôte © Éditions Gallimard Jeunesse; **78** Albert Camus, Jacques Ferrandez, L'Hôte© Éditions Gallimard Jeunesse; **79** Albert Camus, Jacques Ferrandez, L'Hôte© Éditions Gallimard Jeunesse